应用型高校治理改革的制度逻辑研究

YINGYONGXING GAOXIAO ZHILI GAIGE DE ZHIDU LUOJI YANJIU

惠转转 著

西安交通大学出版社
XI'AN JIAOTONG UNIVERSITY PRESS

图书在版编目(CIP)数据

应用型高校治理改革的制度逻辑研究 / 惠转转著. -- 西安：西安交通大学出版社，2025.1

ISBN 978-7-5693-3791-4

Ⅰ.①应… Ⅱ.①惠… Ⅲ.①高等学校－学校管理－研究－中国 Ⅳ.①G647

中国国家版本馆 CIP 数据核字(2024)第 102685 号

书　　名 应用型高校治理改革的制度逻辑研究
著　　者 惠转转
责任编辑 柳　晨
责任校对 杨　璠
封面设计 任加盟

出版发行 西安交通大学出版社
（西安市兴庆南路 1 号　邮政编码 710048）
网　　址 http://www.xjtupress.com
电　　话 (029)82668357　82667874(市场营销中心)
(029)82668315(总编办)
传　　真 (029)82668280
印　　刷 西安五星印刷有限公司

开　　本 720 mm×1000 mm　1/16　**印张** 10.5　**字数** 130 千字
版次印次 2025 年 1 月第 1 版　　2025 年 1 月第 1 次印刷
书　　号 ISBN 978-7-5693-3791-4
定　　价 78.00 元

陕西省社会科学基金项目“应用型高校数字化治理变革的制度困境与行动策略研究”(立项号：2024P032)研究成果

陕西科技大学文化与教育学院2024年国家科研基金培育项目“数字治理赋能职业教育对外开放的实践逻辑与推进路径”研究成果

前言

高校治理是国家治理体系和治理能力现代化的内容之一，须遵循国家治理的价值逻辑。本书以 34 所英国多科技术学院为研究对象，以其治理改革为研究内容，以伯顿·克拉克的三角协调模型理论和历史制度主义理论构建分析解释框架，结合文本分析法、个案研究法和制度分析法，遵循“改革样态—结构逻辑—历史逻辑”的思路，对英国应用型高校治理改革的历史演进和制度逻辑进行系统而深入的探究。

英国应用型高校治理改革的历史演进层面，以三角协调模型为治理模式解释框架，结合英国高等教育体制由“二元制”到“一元制”的改革历史背景，将英国应用型高校治理改革历程分为“二元制”(1966—1992 年)和“一元制”(1992 年至今)两个时期。分别对两个时期的改革背景、应用型高校与政府的关系、应用型高校与社会的关系进行探索与梳理，并对政府、社会、应用型高校在治理模式改革中的权力演进轨迹进行总结与归纳。根据改革模式的历史演进研究结果，应用型高校治理呈现出由科层模式逐渐转向市场模式的趋势，其背后的改革逻辑表征为政府权力从无限地方政府到有限中央政府的转向、社会权力从线性运行逻辑到三角运行逻辑的演变、应用型高校权力从程序性自治到实质性自治的转型。

英国应用型高校治理改革的制度逻辑层面，以历史制度主义的结构观和历史观为分析维度，结合组织社会学、制度经济学、公共政策学、政治经济学、组织管理学等多个学科理论视角分析解释英国应用型高校治理改革的动力基础和作用机制。研究发现英国应用型高校治理改革动力不仅蕴含着深刻的结构性逻辑，而且表现出明显的历史性逻辑。在结构逻辑维度，“背景-制度”结构逻辑决定着英国应用型高校治理改革的根本方向。其中，执政党派更迭与理念倾向是其改革的政治背景，经济危机与公共财政支持力度减弱构成了其改革的经济背景，自组织治理的兴起与成熟形成了其改革的社会基础和背景，新自由主义的思想奠定了其改革的文化背景，英国高等教育的自治传统形塑了其改革的教育背景。“制度-变量”结构逻辑蕴含着应用型高校治理改革的影响要素。政府的政策引领、社会中介组织的一体化以及应用型高校发展的内在逻辑三个要素构成了影响其改革的变量序列和结构。“制度-行为”结构逻辑影响着应用型高校治理改革的结果形成。行动者的利益博弈、理性计算和内在偏好影响着应用型高校治理改革的范围和方式，反之，应用型高校治理改革路径限定了集体行动者和个体行动者的行为选择。在历史逻辑维度，应用型高校治理改革受学习效应、协同效应、适应性预期等强化机制的影响表征出路径依赖的历史逻辑。从改革方式来看，应用型高校治理改革方式兼具渐进式特征和强制性特征。

基于应用型高校治理改革的治理样态、结构逻辑与历史逻辑研究结果，总结出三个主要的研究结论：同构性趋势是应用型高校治理改革的基本路径；利益的冲突与协调是应用型高校治理改革的内在逻辑；前进性与曲折性相统一是应用型高校治理改革的发展规律。基于以上研究结论，提出对我国应用型高校（本书主要指本科层次职业学校）治理模式改革的启示：首先，应遵循有序渐进式治理改革的逻辑；其次，应构建与完善治理主体之间的利益协调机制；最后，结合我国的基本国情，探究应用型高校治理改革的特色模式。

笔者

2024 年 3 月

目　录

第一章　导　论

第一节　研究背景与意义

一、研究背景

高校治理是国家治理体系和治理能力现代化的内容之一，须遵循国家治理的价值逻辑。回顾世界各国高校治理的主要特征，应用型高校与其他类型高校治理既有共性问题，也有自身的特殊性。英国是最早实现工业化的国家，也是率先进行应用型高等教育机构创立和治理改革的国家[1]。多科技术学院（polytechnic）作为英国应用型高校的典型代表，是英国高等教育治理改革的主要实践对象。自1966年起，英国34所多科技术学院通过新建或合并的方式陆续成立，并于《1992年继续教育和高等教育法》颁布后升格为新大学，相应地，其治理模式也发生了巨大的变革。20世纪60年代多科技术学院创立之初，地方政府主导治理是英国应用型高校治理的主要特征。到20世纪80年代，随着新公共管理运动在英国高等教育治理领域的应用与拓展，处于地方教育当局直接管控下的英国应用型高校在新管理主义理念的推动下发生了明显的治理模式改革。在多科技术学院升格为大学的过程中，其治理模式也历经了诸多变革。自1966年英国应用型高校创立至今，英国政府、应用型高校和社会之间的权力结构和关系不断重构[2]。经过近60年的建设和发展，英国应用型高校在治理改革中不断优化与完善，取得了丰富的实践经验[3]。

随着我国部分地方高校向职业本科转型发展，对应用型高校治理改革的研究逐渐引发国内学者的关注。英国多科技术学院在国际上发展较早，且其治理结构在20世纪90年代经历了巨大的改革，为应用型高校治理的研究提供了丰富的实践经验。以应用型高校治理改革的逻辑和经验为参照，通过对应用型高校治理改革实践的分析，借鉴英国应用型高校的治理改革经验，有利于为当前我国应用型大学治理改革实践提供建议与对策。

英国应用型高校创立之初的治理模式与我国当前应用型高校治理境况相似。例如，在办学层次方面，英国应用型高校自创立起即以应用型人才培养为核心办学理念和使命，我国亦有多所地方高校以此为发展方向；在治理模式方面，我国应用型高校治理与英国应用型高校在升格大学前的境况较为相似，如经费来源主要为地方政府、应用型高校自治权较为有限、参与治理主体权力的结构性失衡等[4-6]。

虽然已有研究从治理结构、治理体系、治理困境与对策等方面对英国应用型高校的治理模式改革实践进行了很多有益探索与分析，但是在理论层面，英国应用型高等教育治理理论体系尚未形成，实践层面对应用型高校治理改革的归纳不够系统与深入；对我国应用型高校的治理改革应遵循的逻辑和规律尚未有系统性的总结与分析，对如何借鉴和参考英国应用型高校治理改革的经验和教训有待进一步探究。因此，探究英国应用型高校治理改革中的治理问题与应对经验，对我国应用型高校治理的改革与发展有重要借鉴作用和参考价值。

二、研究意义

通过对英国应用型高校治理改革的理论和实践研究，不仅可以丰富和完善应用型高等教育治理理论体系，而且有助于更加科学、更加有针对性地指导我国应用型高校治理改革的实践。

(一)理论意义

由于国家对高等教育分层分类发展的政策推动，应用型高校成为高等教育错位发展格局的重要一环。应用型高校作为高等教育体系的重要组成部分，对与其相关的治理体系的研究是高等教育治理理论体系研究的重要内容。对应用型高校治理改革的理论进行研究，不仅可以丰富和完善应用型高等教育治理理论体系，而且有助于为应用型高校治理实践提供科学的理论依据，使得治理理论对应用型高校治理实践的指导更加科学、更加有针对性。

(二)实践意义

本书研究有助于为我国应用型高校治理模式改革的应然路径和方式选择提供借鉴与参考。具体而言，一方面，有助于为我国应用型高校治理优化路径提供启示与发展思路。通过探究应用型高校治理的历史改革轨迹和内在机理，总结英国政府实施应用型高校治理改革的基本逻辑，有助于为我国应用型高校治理的路径优化提供操作性建议与对策。另一方面，有助于构建与完善应用型高校治理的中国模式。相比英国应用型高校，我国应用型高校发展历史较短，借鉴英国应用型高校半个多世纪的治理实践经验和教训，结合我国政治、经济、社会、文化、教育等基本国情，形塑我国应用型高校治理模式改革的中国路径与选择。

第二节　核心概念界定

一、英国应用型高校

经过两次世界大战的洗礼和工业化的深入推进，西方各国政府愈加认识到应用型人才对国家经济社会发展的重要性[7]。为适应世界社会经济和科学技术快速发展的需要，许多西方发达国家出现了一种属于高等教育范畴，但学术水平低于研究型高校而强调培养学生实际能力的高校[8]。在国际上，很多国家的高等教育系统基于核心办学定位分为两个部分，研究型高等教育和应用型高等教育[9]，研究型高等教育机构通常被称为大学(universities)[10]，而应用型高等教育机构在不同国家则有多种多样的名称，例如德国称应用科学大学、荷兰称应用型大学、日本称短期大学、瑞士称理工学院、美国称社区学院、法国称高等技术学校、英国称多科技术学院等[11]。

英国应用型高校的创立源于1966年英国教育和科学部颁布的《关于多科技术学院与其他学院的计划》白皮书。基于该白皮书，英国政府将90多所独立学院通过新建或整合的方式创立34所多科技术学院，成为与研究型高校平起平坐、由地方政府管理的应用型高校[12,13]。

英国多科技术学院自成立之日起，国家就赋予了它广阔的生存发展空间。由于得到当地政府的大力支持，多科技术学院招生数量不断增加，在校生规模不断扩大。有资料显示，利物浦约翰摩尔斯多科技术学院1968—1969学年只有6万多在校生，至1988年达到43万多人，1992年接近78万人，是学院创建之初的13倍。多科技术学院在半个世纪的办学实践中为地方经济社会发展培养了大量应用型人才，其办学特色和优势逐渐显现。与英国传统大学所奉行的“自治传统”教育理念不同，多科技术学院倡导的是“服务传统”，在学校办学定位上突出应用型和地方性[14]。这一办学定位与1987年英国国会颁布的《高等教育：迎接新的挑战》白皮书精神相一致。白皮书强调高校要同工商企业界建立密切合作关系，为经济、社会发展培养人才，这是20世纪90年代英国高等教育改革的三大目标之一。

所谓应用型，是指多科技术学院主要为地方生产、建设、管理和服务一线培养应用型专业人才，这类人才不需要深厚的学术素养和知识体系，但要求很强的实践能力、操作能力和岗位适应能力。多科技术学院确立应用型办学定位是由二战结束后英国社会现实决定的。二战后世界进入经济、科技快速发展的时期，美、德的高速发展给英国带来了巨大的挑战，而英国传统大学一向重文理轻科技，导致应用科学和工程技术人才不足，正如英国教育家埃里克·阿什比所说，二战后的英国大学教育只会培养理论型的空想家，而不能培养具有实践能力的应用型人才，英国要想在这场激烈的国际竞争中取胜，就必须大力发展科技教育，培养高科技应用型人才[13]。另外，当时英国社会对人才的需求已经呈现多层次的特点，这必然与英国高等教育的封闭体制产生冲突，传统大学的人才培养模式无法满足社会日益增长的对职业型、应用型人才的需求。多科技术学院成立之初的主要目的就是为工商企业界培养高素质技能型人才。多科技术学院的成立和发展，始终与地方产业、市场保持着紧密的联系，其人才培养唯有面向市场、尊重现实需求才能求得生存与发展[15]。当时，英国社会对应用型人才的需求正是多科技术学院培养目标合理定位的依据，也是多科技术学院生存和发展的强大驱动力。

所谓地方性，是指多科技术学院的人才培养立足地方、依托地方、服务地方，与地方政府、工商企业界深入互动，共同培养应用型人才，为地方的经济、科技和社会发展提供有力的智力支撑。多科技术学院作为英国典型的地方性院校，其办学经费由地方财政供给，行政管理权也属于地方教育当局，学院的发展具有鲜明的地域性倾向。这一办学特点有利于多科技术学院主动加强与地方政府和工商企业界的联系。

英国多科技术学院人才培养目标定位是高素质应用型专业人才，这一目标定位符合学院的实际。多科技术学院受区域经济、办学基础、管理体制等诸多要素的影响和制约，其师资力量、办学经费、教学条件、生源质量等无法与传统大学相比，人才培养也不能盲目地与传统大学攀比[16]。经过较长时间的探索和实践，多科技术学院确立了地方性、应用型的办学定位，根据区域经济社会发展对人才的需求，增设工程、技术、设计、商业管理等若干新兴学科专业，培养具有较强实践能力和岗位适应能力的应用型人才，使毕业生掌握必要的知识和技能[17]。多科技术学院坚持紧贴社会实际办学，走出了一条不同于传统大学的办学模式，即以市场需求为导向，以掌握专业基本知识和实践能力为目标，以强化实践环节为路径的应用型人才培养模式。

本书中的英国应用型高校指 34 所以培养应用型人才为目标，侧重应用技术的教学与应用，以服务地方经济社会发展为导向的，实施应用型高等教育的英国高等院校。本书中的英国研究型高校一般是指 1992 年前已经拥有学位授予权的英国传统研究型高校，相比于应用型高校，这类高校更加注重理论研究和学术探索，在英国相关文献中一般称其为“92 前大学”。1992 年后由多科技术学院升格为新大学的，在英国相关文献中一般被称为“具有多科技术学院根基的 92 后大学”或“具有多科技术学院根基的新大学”。结合英国文献和现实语境下对于多科技术学院的认知，以及英国高校分类的习惯，本书将 34 所 1992 年前多科技术学院和 1992 年升格后的新大学统一称为“应用型高校”。需要特别说明的是，以高等教育机构的办学定位区分应用型高校和研究型高校，虽然总体上符合英国高等教育机构的办学定位和发展路径，但也具有一定的概念相对性。

二、治理与高校治理

英语中的 governance(治理)可以追溯到古典拉丁语和古希腊语中的“操舵”一词，原意主要指控制、指导或操纵，与 government

(统治)和 management(管理)的含义交叉，主要用于与国家公共事务相关的管理活动和政治活动中[18]。英美两个国家的政治理论都以government指代国家的正式机构及其对合法的强制性权力的垄断，指在国家层面上运作以维系公共秩序、便利集体行动的正式而制度化的过程[19]。但是 20 世纪 90 年代以来，西方政治学家和经济学家赋予 governance 新的含义，不仅其涵盖的范围远远超过了传统的政治意义，而且其含义也与 government 相去甚远；不仅在英语世界使用，而且开始在欧洲主要语言中流行。随着以 governance 为题材的理论著作的涌现，governance 一词的用法和内涵有了新的变化，治理意味着一种新的统治过程，或以新的方法来统治社会，不同于以往政府对社会实行单一向度的管理(management)，治理的实质在于建立在市场原则、公共利益和认同之上的合作，在上下互动的过程中实施对公共事务的管理[20]。研究者将治理的定义区别于管理：在权威主体方面，治理是多元的主体，管理则是单一的主体；在权威的性质方面，不同于管理的强制性权威，治理更多时候是协商性的；从权力运行的向度来看，治理是平行的、多元的、相互的，而管理则是自上而下的；从作用及范围来看，治理以公共领域为边界，而管理则以政府权力所涉及的领域为边界[21]。全球治理理论创始人詹姆斯·罗西瑙将治理定义为一系列活动领域里的管理机制，它们虽未得到正式授权，却能有效地发挥作用[22]。罗茨认为治理意味着统治的含义有了变化，意味着一种新的统治过程，意味着有序统治的条件已经不同于以前，或是以新的方法来统治社会[23]。国内学者俞可平提出治理的目的是在各种不同的制度关系中运用权力去引导、控制和规范公民的各种活动，以最大限度地增进公共利益。全球治理委员会在研究报告《我们的全球之家》中对治理做出了如下界定：治理是各种公共的或私人的个人和机构管理其共同事务的诸多方式的总和，它是使相互冲突的或不同的利益得以调和并且采取联合行动的持续过程[24]。尽管学者们使用了许多不同的治理定义，但大多数都包括开发和指导组织的总体策略和资源，解决利益相关者之间在这些政策和资源分配方面的冲突。治理不同于管理，前者侧重于组织的战略策略和方向，而管理则关注实现和管理这些策略和方向。综合以上研究，治理既包括有权迫使人们服从的正式制度和规则，也包括各种人们同意或认为符合其利益的非正式的制度安排。

高校治理是治理的概念在高等教育领域的应用和外延。西方学者认为1960年发表的专著《学院与大学治理：结构与过程的现代化》(*Governance of College and Universities*：*Modernizing Structure and Processes*)是研究高校治理的奠基之作[25]。卡耐基高等教育政策研究委员会在报告《高等教育治理：六个优先考虑的问题》中将高校治理定义为"决策的结构与过程，以区别于行政和管理"[18]。美国学者罗伯特·伯恩鲍姆认为高校包含两个体系，即基于法律权威的理事会和行政体系与基于专业权威的教师体系，高校治理就是为实现两个体系的微妙平衡而设计的结构和过程[26]。柯森将"治理"一词专门用于对高等学校的思考，将高校治理描述为政策的决定过程和监督政策的执行过程[27]。罗伯特·伯恩鲍姆认为高校治理是平衡不同权力的过程[28]。朱迪斯勃·洛克·麦克林认为高校治理包括平衡高校各利益相关者之间的利益以及注重整个决策过程[29]。

基于以上学者对于治理、高校治理的概念理解，结合本书的研究范围和内容需要，高校治理的概念被界定为高校内外利益相关者参与高校重大事务决策的样式和形态。本书在治理的概念下所聚焦的核心内容包括高校、政府和社会之间的权力结构与关系。

三、外部治理与内部治理

基于治理的概念框架和概念本质，高校治理需协调应用型高校外部与内部的主体权力关系。在整体性维度下，治理通常分为外部治理和内部治理两个层面，外部治理观照的是宏观或中观层面，内部治理主要观照微观组织层面[19]。外部治理与内部治理两者的关系或是直接显性影响，或是间接隐性影响，既存在一定的界限，又互构互动，共同形塑了应用型高校治理的整体样态。

外部治理主要是指高校与外部利益相关者的关系，核心是高校、政府、社会的关系，外部治理的主体则是与高校发展相关的社会(权威)机构[30]。学校、政府和社会三方主体，学校一般代表学术权力、政府一般代表行政权力、社会一般体现民主参与权力[31]。所以，外部治理本质在于协调高校、政府和社会权力之间的关系。内部治理主要是指学术权力与行政权力的配置与平衡，内部治理的主体是大学内的相关机构与人员[32]。以教师为主体的学术组织，一般体现了学术权力的诉求；以管理者为主体所组成的组织管理部门及行政组织管理部门，一般体现了行政权力的诉求；工会、学生会及其他教职工和学生团体，一般体现了民主权力的诉求[33]。所以，内部治理的本质就是要协调高校内部的各种关系，就是要协调学术权力、行政权力以及民主权力三种权力之间的关系。

本书在治理研究范围的厘定上主要聚焦于应用型高校的外部治理。将应用型高校治理定义为应用型高校与政府、应用型高校与社会的权力关系结构和决策过程。以应用型高校与政府的关系和应用型高校与社会的关系为应用型高校治理的核心分析维度。

第三节 国内外文献综述

一、国外文献综述

(一)高校治理研究总体进展与趋势

在教育领域，美国学者和欧洲学术界较早开始关注大学治理

(university governance)的研究[34]。大学治理在英文文献中是高频词。为了解国外学者对大学治理研究的总体进展与趋势，本书以科学引文数据库 Web of Science(WOS)核心合集为信息源，按主题词“university governance”在默认年份下进行检索，语种选择为“英语”，文献类型选择论文、会议论文和综述文章三类，共得到 1994—2020 年发表的 3705 篇相关文献(检索时间为 2021 年 1 月 20 日)。以 WOS 数据库聚焦大学治理结构主题的文献标题、作者、摘要、来源出版物与参考文献等题录信息数据为研究对象和计量单元，运用信息可视化软件 CiteSpcae 对收集的文献进行计量学分析，主要包括三个方面内容：一是基本情况统计和合作网络分析，包括该主题相关文献的年度发文量和引文量、作者分布及作者合作网络分析、学术机构分布及学术机构合作网络分析；二是共现分析和聚类分析，通过关键词共现分析和聚类分析，探索国外学者对大学治理结构研究的热点与前沿；三是共被引分析，通过文献共被引分析了解外文文献研究大学治理结构的知识基础，通过对大学治理结构主题文献的作者、关键词、摘要以及引文等进行分析，绘制共被引网络图、关键词社会网络分析图、聚类图等，从多个不同的视角可视化呈现国外大学治理结构研究的进展与趋势。

1. 基本情况与作者合作网络分析

首先，分析了大学治理结构研究的发文量和引文量趋势，从发文量来看，大体可以分为三个阶段：萌芽期(1994—1999 年)、缓慢发展期(2000—2006 年)、爆发增长期(2007—2020 年)。其中爆发增长期内，每 2～3 年有一个大的增长点，如 2011 年、2013 年和 2017 年都出现了较大的增长。从引文量来看，文献被引频次总计 26219 次，其中每项平均引用次数为 8.02 次，H 指数为 51，引文量年度发展呈现稳定增长的趋势，与发文量趋势相比，滞后 3～4

年。由此可见，大学治理结构主题研究越来越受到国外学者的关注与重视。

其次，分析了大学治理结构主题的核心作者群。核心作者群是指发文量较多且影响力较大的作者集群，在一定程度上表征该学科领域的基本研究态势。美国科学计量学和情报科学创始人普赖斯曾提出“大约10%的杰出科学工作者发表的论文量占全部论文量的一半”的科学推论[35]。根据普赖斯定律，大学治理结构研究领域的核心作者群特征并不明显。

再次，观察大学治理结构研究的作者合作网络，发现整体较为分散，尚未形成学术共同体。经分析，其原因一方面源于专门聚焦大学治理研究的文献于20世纪90年代才开始涌现，目前还处于探索阶段，尚未发展成熟，且主要依附企业治理、公共管理学、政治学、经济学等理论基础与方法进行大学治理的研究，尚未形成系统的大学治理理论体系，由此导致该领域的作者合作网络分散；另一方面，大学治理参与主体的多元化使得大学治理研究人员更加多样化，在一定程度上造成了研究者合作网络的分散态势。

最后，从作者发文量和最大引用频次看，研究者 K. H. Mok、G. Capano、F. Kitagawa、J. Enders 是当前大学治理结构主题研究发文量较多且影响力较大的作者集群，其研究成果在一定程度上反映出大学治理研究的最新动态。

2. 研究热点与趋势

关键词是一篇学术论文主题的体现，通过高频关键词分析可以探测该研究领域的热点与趋势[36]。运用 CiteSpace 信息可视化软件对相关文献的关键词进行共现分析，形成该研究领域的关键词共现图谱。经分析可知，国外文献对大学治理结构的研究主要聚焦于以下主题：从关键词频次来看，治理、大学、高等教育、管理、创新、政策、绩效、教育、公司治理、科学、知识、系统等是该领域研究的热点；从中心度来看，变革、管理、创新、公司治理、科学、系统、问责制、政府、信任等是该领域研究的中心内容；从突现值来看，治理、领导力、变革、政府、挑战、统治、健康、知识转移等是该领域近年来涌现的高突现性关键词。突现值高的关键词意味着该主题在相应时段里受到格外关注，在一定程度上揭示了该学科在相应时段的研究趋势。

经进一步阅读相关文献发现，在研究内容方面，研究者不仅关注大学治理的结构性要素，涉及的关键词有董事会成员多样性、董事会联动设置、资本和所有权结构、网络结构、制度改革、质量管理体系、大学工会、董事会决策、所有权集中、制度分析与发展框架、董事会成员、多中心网络组织、制度化、大学制度、制度规范系统等，而且关注影响大学治理行为的非结构要素，如信任、承诺、文化、社会价值、组织伦理、理性信仰、政治互信、行为等；不仅聚焦治理的本质和过程研究，如差异化管理、教育管理、教学、课程、学生参与、国际化教育政策、政策评估、混合组织、非营利组织、产学互动、私有化、知识创造、自我决策、合作经营、领导力、大学管理者、学术领导、新管理精英、战略等，而且重视治理绩效评估的研究，涉及的关键词有绩效、学生评价、教学效果、社会影响、大学排名、回应度、评估的影响、教师工作满意度等。在研究视角方面，包括波普尔派哲学视角、利益相关者视角、计量经济学视角、经济社会学视角、经济学视角、公司治理视角、政治学视角、公共管理视角等。在研究理论基础方面，涉及的理论有交易成本理论、多中心治理理论、利益相关者理论、委托-代理理论、现代管家理论等。在国际比较方面，涉及的国家(地区)或机构有中国、德国、韩国、希腊、印度，东京研究所、多中心政策创新研究中心、日本企业、澳大利亚公立大学等。从研究方法来看，涉及的关键词有案例研究、比较研究、计量、测量等。

3. 知识基础

知识基础是一个有利于进一步明晰研究热点本质的概念，如果把研究前沿定义为一个研究领域的发展状况，那么研究前沿的引文就构成了该领域热点的知识基础。为探究国际大学治理结构主题研究前沿及演变过程中起关键作用的文献，本书运用 CiteSpace 知识可视化软件进行了文献共被引图谱分析。根据图谱分析结果，本书采集的文献中共有 78586 篇参考文献，包括 802 个节点、1803 条连线。图谱分析模块值 $Q=0.9217$，远大于 0.3，意味着划分的社团结构显著。为进一步探索和挖掘大学治理研究的知识基础和前沿演变过程中起关键作用的高被引经典文献及其聚类分布情况，本书选取引用频次排名前十的文献进行深入解读。《组织治理与学术质量的生成：美国两所顶尖研究型大学的经验》(Organizational governance and the production of academic quality：lessons from two top US research universities)排序第一，该文献的研究内容是组织治理与学术质量生成的关系[37]。排序第二的论文《美国学院科学的治理与绩效测量》(Performance measurement and the governance of American academic science)，作者认为新自由主义下的市场竞争中，资源分配过程与绩效管理强相关，如果不能度量治理绩效，就不能很好地治理[38]。《高等教育系统的指导：公共管理视角》(The steering of higher education systems：a public management perspective)排序第三，作者从政治学和公共管理的角度讨论了公共服务改革的三大主要方面：新公共管理(NPM)、网络治理和新韦伯式管理[39]。《学术投入与商业化：大学与产业关系文献综述》(Academic engagement and commercialisation：a review of the literature on university-industry relations)研究发现，大量的已有研究强调了合作研究、合同式研究、咨询和非正式关系对大学产业知识转移的重要性，通过对学术研究者参与这些活动的系统回顾，比较分析学术参与与商业化的区别[40]。《荷兰高等教育公共部门改革：大学的组织转型》(Public sector reform in Dutch higher education：the organizational transformation of the university)一文系统分析了荷兰公共高等教育系统中大学的组织变革[41]。《大学绩效科研经费体系》(Performance-based university research funding systems)一文中，作者将大学绩效科研经费体系(PRFS)与公共部门绩效评估体系联系起来，研究发现大学绩效科研经费体系是复杂的、动态的系统，平衡了同行评议和度量标准，适应不同领域之间的差异，在与学术界进行长时间的磋商中，实现了数据和结果的透明，是大学科研系统中强大的激励机制[42]。《论政府角色的魔力》(Talking about government：the role of magic concepts)一文重点关注“治理”“问责”和“网络”，在广泛的学术和实践分析之后，研究发现这些概念具有共同的特性[43]。《高等教育治理国际比较之分析框架》(An analytical framework for the cross-country comparison of higher education governance)提出了一个综合分析框架来探究欧洲各国高等教育治理，研究了三种欧洲高等教育模式——学术自治模式、国家中心模式和市场导向模式，基于这些反映国家、市场和学术界之间紧张关系的整体模型，开发了将大学内部治理以及国家和外部利益相关者的角色考虑在内的三种理想治理类型[44]。深入解读这些文献可知，大学治理结构研究的知识基础为多中心治理理论、利益相关者理论、交易费用理论、委托-代理理论、现代管家理论、资产专用性理论等；组织间合作治理、治理绩效、教育治理的国际化、治理结构的变革、不同类型的大学治理结构等是当前国际研究者重点关注的话题。

由此可见，国外文献关于大学治理研究的总体进展与趋势表现为：一是由偏重治理结构维度的研究向治理结构维度与治理行为维度并重转变，如董事会规模、权力关系、资源配置、制度设计等结构性问题；治理的非结构性问题研究涉及领导力、信任、文化、社会价值、组织伦理、信仰等影响治理结构的行为要素。二是由治理的本质分析逐渐向治理的有效性分析转变，越来越多的学者运用定性与定量相结合的研究方法探究治理结构、治理行为与治理绩效的关系，治理绩效评价体系构建以及基于治理绩效评估的资助体系的研究等。三是由定性研究方法为主向定性与定量相结合转变，研究中涉及的研究方法有案例研究法、比较法、计量法、调查法、教育叙事法、扎根理论研究法等。

(二)应用型高校治理改革背景研究

为进一步了解国外文献对于应用型高校治理改革的研究进展，在WOS数据库检索结果中进一步检索关于应用型高校(polytechnic、post-1992 university、application-oriented universities、applied-oriented higher education institution)、治理(governance)、改革(change、reform、vicissitude、transformation)、英国(United Kingdom、Britain、England)并列主题的相关文献，得到高度相关文献401篇，对检索文献进行阅读和分析。已有相关文献对应用型高校治理研究的理论支撑多来自政治学和组织学，例如政治学中关于权力的分析维度——民主/监督、权力的水平分配(议会制、总统制、一元权力/二元权力)和权力的垂直分配，公共管理理论中的公共协商机制，以及组织学中关于组织要素、组织类型、构建原则和协调机制的观点得到广泛的运用。基于以上研究理论基础和研究方法，已有相关文献聚焦的研究内容可以分为三个层面：一是应用型高校治理改革的历史背景研究；二是应用型高校治理改革的动因研究；三是应用型高校治理改革的评价研究。关于应用型高校治理改革的历史背景分析流派众多，有工业化进程论、中学教育模式影响论、组织机构变革论、精英-大众论、漂移论等。

1. 工业化进程论

有研究认为各国不同的工业化进程引起教育体制的不同，工业化发展是推动应用型高校创立及改革的一个外部动因。北欧工业革命来临较早，也较猛烈，工业经济的增长在塑造大学与刺激应用型高校治理改革的发展方面是第一动因[45]。南欧改革高等教育的压力比较小，不需要发展特殊的技术教育系统来促进应用型高校的产生[46]。

2. 中学教育模式影响论

有研究认为那些具有中等教育分流制度的国家很容易出现应用型高校。英国曾经是基础教育双轨制盛行的国家，英国公立学校(government-run school)采取大众化和机会均等原则，面向社会大众，重数量大于重质量；而英国公学(public school)的特权性与精英教育的特征则非常典型[47]。英国传统高等教育的培养对象主要来自上层社会，而且培养出来的人才也主要流向上层社会，控制着政府部门和社会各主要行业。英国社会阶层观念已经成为教育中一种固执的影响力，极大地影响学生入学、在校生活、修业和休学谋生等。而社会发展却需要大量具有实用知识和满足社会需求的专业人才[48]。英国中学教育实际上的双轨制，是应用型高校创立、发展及其治理改革的重要社会背景。

3. 组织机构变革论

从组织结构改革的角度出发，有研究认为应用型高校治理的改革直接受到中央政府和有关的几个全国性高等教育机构的影响，比如大学拨款委员会、教育部、大学校长委员会、多科技术学院院长委员会、大学教师协会和全国教师协会等机构。这些机构的产生、发展以及具体的行动措施形塑了应用型高校治理的改革[47]。

4. 精英-大众论

有研究用精英-大众高等教育理论来解释分析英国应用型高校的产生和创立初期的治理背景。认为高等教育精英-大众类型存在的现实性以及可能性是应用型高校存在乃至改革的理论背景[46]。精英高等教育确实仍在发挥着大众高等教育所不能发挥的作用，其中的一些功用是教育和训练经过严格选拔的学生，以使他们适应高标准和高度创造性的脑力工作[49]。大众高等教育的发展不一定要破坏精英高等教育机构及其组成部分，或者是一定要其转变成大众高等教育机构，而大众的高等教育需求可以通过发展新型的高等教育机构来满足。

5. 漂移论

有研究认为应用型高校的治理并不一定要忠实于创办初期制定的目标。根据这一理论，最初不同类型的高等教育机构可以追求其创建或升级后的初始目标。高等教育机构可以把自己作为其他类型高等教育机构的竞争者来重新考虑自身发展与定位[28]。应用型高校的“学术漂移”(academic drift)与研究型大学的“职业漂移”(vocational drift)就是明显的例子[50]。研究型高校与应用型高校都慢慢把触角伸进彼此的领地，“入侵”对方的领地使其界限模糊化。这种漂移论与应用型高校治理改革实践相契合[51]。

正如以上对各位学者的研究进行综合归纳分析，应用型高校治理改革具有复杂的历史背景，还可以列举出环境依附论、经济发展论、社会政治动因论、科技发展论和社会结构论等。虽然以上论述都可以从某一个角度解释应用型高校治理改革一部分的历史背景，但是却不能解释改革的全部，更没有阐述各背景或要素之间的关系。

(三)应用型高校治理改革动因研究

已有相关文献一般将影响应用型高校治理改革的要素分为三类，分别是政府因素、社会因素以及政府和市场相互作用。

1. 政府因素层面

多篇研究文献认为政府因素是应用型高校治理改革的主导因素，例如，通过研究英国1988—1997年政府教育治理机构的变化和发展，确定了英国政策和政治环境的连续性节点以及变更节点，认为外部因素是高等教育治理结构动态调节和改革的主要驱动力[52]。尤其是1992年应用型高校治理的重大变革，深受政府政策制度的推动和影响。对《1992年继续教育和高等教育法》实施后创建的高等教育法人治理模式进行剖析，学者认为该法律下设计的高校治理结构存在一定的不足，既没有充分考虑到高校的组织特性，也没有充分考虑到法人治理原则，使得校长或首席执行官以及理事机构独立成员的治理权无限扩大，教职员工和学生参与治理的权力受到一定的限制，学术委员会权力无法得到保障[46]。政府因素对高校治理影响的工具除了政策法律，还有经费的管理。通过对英国高等教育拨款的研究发现，政府通过经费划拨方式对高校治理结构产生间接影响，尤其是绩效经费制度的实施，使得英国应用型高校治理更加倾向于企业的运营模式[53]。

2. 市场因素层面

诸多学者对于市场的作用褒贬不一。支持者认为，市场的作用保障了学生作为消费者的权益，使得应用型高校治理结构改革更加符合社会的需求，提高了应用型高校治理改革的有效性[54]；反对者认为，市场的作用是有限的，高等教育的真正市场变革受制于应用型高校自身的组织特性(准公共产品、有限竞争)，在此限制下基于市场的治理模式改革是乌托邦式的[55]。在市场的作用下，应用型高校治理改革并不是趋同化或平等化，而是形成差异性发展的格局，市场因素的作用对于强资源的机构而言是增加竞争优势，而对于弱资源的机构而言是加重其负担，使其面临更加严峻的挑战[56]。

3. 政府和市场的互动作用层面

学者认为政府和市场因素在应用型高校治理改革中是显性和隐性相互作用的机制。市场化趋势不断形成和发展成熟，市场的作用逐渐减弱，需要换一种方式对应用型高校的治理产生影响，政府的作用使得应用型高校治理改革得以平稳过渡[57]。

(四)应用型高校治理改革评价研究

国外对应用型高校治理改革评价内容的研究分为两个阶段，第一阶段是对 20 世纪 60 年代应用型高校创立初期治理评价的相关研究，第二阶段是对 1992 年应用型高校升格后治理改革评价的研究。在第一阶段，应用型高校的民主化管理成为学者们关注的焦点，由此引发了有关重建多科技术学院治理的讨论，其主旨在于如何实现民主化治理，保障学生和教师的权利[58]；在第二阶段，学者开始关注在外部环境剧烈变化的情况下应用型高校治理的变化和特点，尤其是对如何对待行政权力扩张、管理主义盛行等问题进行了探讨[59]。面对公共财政拨款的大幅度减少、世界范围内高等教育竞争的加剧以及市场化因素的影响，围绕英国应用型高校究竟应该建立何种治理模式来提高应用型高校决策和运营的效率以应对各种变化和竞争[3]，提出了见仁见智的观点。

以传统教育学为理论基础的研究大多认为市场机制不适用于应用型高校治理领域，将会对应用型高校产生负面冲击，从而对英国高等教育市场化持否定态度。从以下来自英语世界的若干专著便不难看出作者们对高等教育市场化所持的价值批判：《窃取大学：公司化大学的兴起和学术劳动力流动》(*Steal this University*：*the Rise of the Corporate University and the Academic Labor Movement*)《公司文化中的大学》(*The University in a Corporate Culture*)《废墟中的大学》(*The University in Ruins*)《市场中的大学：高等教育的商业化》(*University in the Marketplace: the Commercialization of Higher Education*)[60]。一些学者从市场机制本身的缺陷和市场化有损公平的角度对应用型高校发展市场治理模式提出反对意见。例如，伦敦大学斯蒂芬·鲍尔教授认为，教育的市场化改革背离了中下层社会群体的利益诉求，往往导致各个群体对教育这种公共产品的享用陷入马太效应的困境[61]。伦敦大学另一位教授杰夫·惠迪认为，市场的策略不仅难以解救教育现存的苦难，也将严重偏离市场推崇者们所设想的多样化发展目标，以之来取代传统的教育制度反而会引发新的问题[15]。精英大学作为稀缺性“地位商品”而游离于一般竞争之上，从而导致了研究型高校与应用型高校所处的市场失灵和市场分割[62]。

二、国内文献综述

国内文献对于应用型高校的诸多研究体现为对应用型高校的国际比较研究。国内学者对国外应用技术大学办学的成功经验进行了很多有益的探索，尤其是欧洲应用技术大学正反两方面经验教训为我国应用型高校的改革提供了可以参考、借鉴的样本，其中英国应用型高校的发展历程与治理改革作为欧洲应用型高校的典型代表是国内学者研究的热点之一。

从中国知网数据库文献数量的年度变化综观英国应用型高校研究领域的发展历史和发展速度，可以看出该领域研究主要分为三个阶段。第一阶段为起步期(2006—2012 年)，第二阶段为急速发展期(2013—2017 年)，第三阶段为成熟稳定期(2018—2020 年)。国内学者对于多科技术学院以及后续升格为新大学的关注度持续提高。

第二阶段文献数量迅速增长的原因，一方面是国家宏观政策引领，2014年颁布的《国务院关于加快发展现代职业教育的决定》和《现代职业教育体系建设规划(2014—2020年)》明确提出推进高等教育结构与类型改革，推动和引导地方本科院校向应用技术类型高校转型发展，自此，应用型高校研究也开始成为职业教育领域和高等教育领域学者们关注的热点；另一方面是地方本科院校现实需求的倒逼，由于地方本科院校在教育类型定位上摇摆于研究型与应用型之间，办学定位缺乏个体多样性，专业设置上缺乏错位互补性，培养规格上与高职院校缺乏层次衔接性[63]，导致学生就业问题越来越突出，诸多现实问题的驱动下，地方本科不得不开始积极探索适应自身发展需要的转型道路。因此，对以应用型高校为主题的研究成果的需求较为迫切，研究成果数量激增，研究内容不断深入，研究视角也呈现多元化，国际比较领域关于应用型高校治理的研究文献亦层出不穷。

(一)应用型高校治理研究

国内学者对于应用型高校治理的研究，多数嵌套于高等教育治理研究成果中。受欧美学界的影响，我国学界对于应用型高校治理的研究逐渐形成对治理实践进行“现象-问题-方法”的规范研究，在有限理性假设的基础上建构自洽的概念模型。具体研究内容从“谁治理”“如何治理”“治理效果如何”三个层面展开，“谁治理”关注的是治理主体的问题，“如何治理”关注的是治理工具的问题，“治理效果如何”关注的则是治理评价。

1. 治理主体

政府、行业、企业、教师、学生等组成英国应用型高校治理多元主体是国内学术界的共识。社会的多元化参与分享英国高校治理的政治、行政、学术、咨询、监督五大权力，共同构成政府、理事会、行政管理团队、教授、行业、学生等共同参与的多主体治理体系[64]。总体而言，治理主体走向多元化并有明确制度安排的背景下，关于治理主体的研究表现为由探讨“谁在治理”逐渐转向研究“如何治理”“怎样治理”，由探讨以主体为中心的表层结构转向以实践为中心的深层结构，以揭示英国应用型高校治理主体的系统性、复杂性、多维性。

2. 治理机制

治理机制一般包括治理结构和治理行为两个层面，治理结构是治理行为的外显形式，治理行为作用于治理结构的生成与建构。受欧美国家研究者早期研究文献的影响，我国大多数研究成果较多关注应用型高校治理、治理机制、治理结构、治理机构等结构主义研究范式，而较少关注应用型高校治理的行为要素，如信任、组织文化、氛围等[65]。近年来，有学者开始反思结构主义范式的缺陷，比如针对结构主义“不能解释结构相同的大学为什么绩效会出现那么大的差异，改造治理结构也未必产生预期的效果”[66]，认为研究应用型高校治理既要重视治理结构，又要超越治理结构，关注大学文化、信任等影响治理行为的因素，认为治理的有效性更多地取决于治理行为，治理行为是治理结构与治理绩效之间的传导机制[67]。

3. 治理评价

对于应用型高校治理的评价包括质性评价和量化评价两方面内容，由于操作性受限，量化研究成果较少，多从质性评价的视角切入。学者对于英国应用型高校治理绩效评价褒贬不一，有研究认为英国高等教育市场化催生了应用型高校治理的多样化，体现了制度创新；亦有研究认为应用型高校治理的资本化和功利性使得应用型高校的价值取向偏离应用型高校的使命[68]。

(二)应用型高校治理改革研究

现有关于应用型高校治理的研究文献主要围绕三方面内容展开。一是梳理应用型高校治理改革历史，归纳分析应用型高校治理改革内在机理；二是对应用型高校治理改革进行评价；三是借鉴应用型高校治理改革的实践经验，对我国应用型高校治理的具体问题进行探索，从中国实际出发提出改革政策建议。

1. 应用型高校治理改革背景与样态研究

对于应用型高校治理改革的历史背景，学者形成共识[69-75]，认为英国高度自治的大学固守“学术本位”的精英教育传统，拒绝以改革回应社会发展的新需求，在这样的背景下，政府选择通过建立非大学高等教育机构——多科技术学院，形成“二元制”高等教育结构[76]。从 1966 年多科技术学院陆续建立，到 1992 年更名为大学，应用型高校从特色发展到与大学趋同的变革中体现着治理模式的变化。

2. 对应用型高校治理改革评价

对于应用型高校治理改革的有效性，学界的评价褒贬不一。有学者认为“这一套由地方政府直接负责的领导体制，可以充分调动地方办学的积极性，毕业生的就业可得到较充分的保障”，对于引导企业参与办学，保证工学交替的实施有非常积极的作用[77]；但也有学者认为，“如果应用型高校的政策中有失败的地方，那就是对于这些机构的管理安排”[78]。值得一提的是，国内学者对于应用型高校治理改革的研究主要聚焦于 1966—1992 年时段，对于 1992 年升格为新大学后的治理改革路径关注较少。

3. 应用型高校治理启示与借鉴

基于英国应用型高校发展的经验，我国学者在有关研究中提出我国应用型高校应从以下几个方面借鉴学习：第一，应用型高校应形成区别于研究型高校的办学特色，而市场需求应成为其办学的原动力，专业设置、人才培养目标定位、课程设置、培养模式等都需要进行系统改革[79]；第二，政府的引导对于应用型高校能否成功转型有重要影响，应充分考虑不同类型高等院校在生源竞争中的“漂移”与“趋同”趋向，设立有效的隔离机制，包括经费拨款方式、院校办学评估指标与方式等[64]；第三，给予应用型高校更多的自治权，建立现代大学治理结构，充分发挥高校办学的自主性[78]。在治理结构方面，设立由行业企业等组成的高校董事会、专业指导委员会、监察委员会，建立健全地方政府、行业企业等参与地方高校管理的机制，从而确立和完善“企业参与、党委领导、校长管理、教授治学、群众监督”的新型治理结构，这是研究者的普遍认识[80]；也有学者认为我国应用型高校的治理改革可从行政和学术分权而治、董事会建设、教育立法与高校自治等方面思考，以保障可持续发展的外部环境[77]。

三、文献研究述评

国内外学者在应用型高校治理改革问题上的研究成果对于我们明晰研究方向和规范研究方法提供了很好的借鉴，尤其是对各种治理模式的理论概括以及影响模式形成变化的因素分析，对于本研究有着直接的借鉴意义。关于应用型高校治理改革的历史演进轨迹、动力分析、效能评价等系统性问题仍有待进一步探究。

国外关于高校治理改革的研究文献层出不穷，但是聚焦应用型高校治理改革的研究较少。通过对应用型高校治理改革文献的具体分析，发现已有研究的局限性在于以下方面。一是较多聚焦应用型高校治理的历史轨迹，而对改革的内在动力和逻辑关注较少，忽略英国社会基础和历史背景。例如，有研究者认为英国应用型高校治理改革的动力来源于时任首相撒切尔夫人主导的新公共管理运动，未充分关注到新公共管理运动产生与发展背后是英国当时历史和环境要素的互动作用。二是单项因果决定论视角下的中微观研究较多，宏观层面研究较少，对于1992年前多科技术学院治理的探索较多，对升格为新大学后治理模式改革研究关注较少。三是过度强调社会的民主参与是应用型高校治理改革的动因，而未注意到多主体参与的治理模式其实是英国政府、社会与应用型高校之间利益博弈的结果。

国内学者对于英国应用型高校治理的研究主要集中在20世纪60年代和1992年前后，而对其升格为新大学的发展趋势研究较少。升格后，英国高等教育结构在市场化机制作用下逐渐形成分层分类发展的格局，应用型高校作为重要组成部分，其治理模式与其他类型的高校具有差异性。系统探究英国多科技术学院升格前后的治理改革机理有助于窥探我国应用型高校实施英国应用型高校模式的适切性和本土化的应然路径。

第四节　研究思路、方法与创新

一、研究思路

治理改革是多种影响要素相互作用的结果，而非某一方面的要素或要素的某一方面的作用[78]。对于应用型高校治理改革的探究，不仅要研究其显性的历史演进特征，更要深究其隐性的改革动力逻辑；不仅要研究引起改革的变量，更要探究变量之间相互作用的方式和机制。基于此，本书研究思路主要围绕一个核心问题展开，即“应用型高校治理改革何以生成”。沿着“如何改革—为何改革”的思路逻辑将核心问题分解为两个问题。

①应用型高校治理如何改革，即改革的历史演进轨迹。要厘清英国应用型高校升格为新大学前后的治理改革轨迹来探究。

②什么要素推动了应用型高校治理改革、要素之间的作用机制为何，即改革的制度逻辑。结合历史制度主义分析范式，深入探究应用型高校治理改革的结构逻辑和历史逻辑。

基于研究结果，得出主要研究结论与启示。

二、研究方法

(一)文本分析法

文本分析法是将文字、图形、符号、音频、视频等资料内容作为分析对象，属于定质分析[79]。围绕应用型高校治理改革主题，本书的文本分析对象为英国多科技术学院创立至今颁布的治理相关的政策文本和相关资料。根据统计，自 20 世纪 50 年代以来，英国颁布了 20 多个高等教育政策文件文本，具体包括三方面：一是英国议会、教育和科学部以及地方当局颁布的各种法律、法规以及行动计划；二是政府首脑，如女王、首相和教育大臣的有关报告、讲话和声明；三是白皮书、教育会议报告和用文本形式表达出来的重要教育备忘录。本书涉及的政策文本包括 1963 年《罗宾斯报告》、1965 年与 1967 年教育大臣克罗斯兰德关于二元政策的两次演讲、1966 年《关于多科技术学院与其他学院的计划》、1988 年《教育改革法》、1991 年《高等教育：一个新框架》、《1992 年继续教育和高等教育法》、1997《迪尔英报告》、2003 年《兰伯特评论——大学企业合作》、《高等教育治理法则》(2014 版、2018 版、2020 版)等。同时，也涉及高校内部的一些相关政策文件，如章程、管理条例、规定规范等。

(二)制度分析法

制度分析法亦称结构分析法，是一种从制度结构方面来分析社会变化及存在问题，推测社会发展趋势的分析方法[80]。制度结构分析法一般分为两种。一是数量结构分析。将总量分解为若干个部分，每一个部分又进一步分解为若干次部分，次部分再分解为次次部分，再对各个部分、次部分之间的量的关系进行考察。二是制度结构分析，着眼于对结构的考察，研究的重心在于质，而不是量的增减。制度结构分析主要包括权力分析、利益集团分析、规范分析以及社会、政治和经济制度的分析[81]。

制度分析法在本书中的应用主要体现在第四章。其中，数量结构分析主要体现在第四章应用型高校治理改革的结构逻辑研究之中，结构逻辑视为总量，可分解为“背景-制度”结构、“制度-变量”结构以及“制度-行为”结构三个次部分，每个次部分又可分为若干次次部分。例如，“制度-变量”结构分为政府、社会、应用型高校三个次次部分。制度结构的分析则全面融入第四章应用型高校治理改革的动力逻辑分析当中，通过制度改革的结构考察和历史考察，探究应用型高校治理改革的动力基础和作用逻辑。

三、研究创新

第一，拓宽应用型高校治理改革研究时间跨度。既有研究中关于英国应用型高校升格为新大学以前治理样态的整体研究颇多，并取得了较为丰富的研究成果，但是对于1992年后应用型高校治理样态关注不足。基于此，本书分别对1966—1992年和1992年至今两个时段英国应用型高校的治理改革进行了长时段系统梳理与分析，拓展了应用型高校治理改革研究的时间跨度。

第二，强化应用型高校治理改革研究内容的系统性。一方面，既有研究对于应用型高校治理改革主要为横向的“现状梳理—问题总结—对策建议”的经验研究或现状研究，围绕“改革”主题进行的纵向历史分析研究则较少。另一方面，本书突破常规历史改革研究中注重改革背景、改革模式、改革动力的做法，对应用型高校治理改革的效能进行研究，构成了“如何改革—为何改革—改革逻辑”的完整研究逻辑，提升了应用型高校治理改革研究的系统性和完整性。

第三，突出应用型高校治理改革逻辑的理论解释。比较研究很容易成为罗列历史的资料大全，本书努力避免陷入这一状态，试图超越经验和现象研究，通过追根溯源进入学理层面，在梳理清楚应用型高校治理样态演变轨迹的基础上，以历史制度主义、组织社会学、政策学、政治学以及制度经济学等视角融合为理论工具，基于“现象具体—抽象规定—思维具体”的研究逻辑，为应用型高校治理改革寻找某种具有普遍意义的规律性或必然性。

第二章　理论基础与分析框架

第一节　理论基础

一、三角协调模型治理理论及其拓展

(一)理论内容

高校治理的相关研究成果中，伯顿·克拉克(Burton Clark)提出的三角协调模型被认为是高校治理分析框架的雏形，在学界产生了广泛影响。他认为：高等教育是政府权力、市场力量和学术权威三者之间的协调(见图 2-1)[82]。早期的大学崇尚学术自由、大学自治和教授治校，学术权力决定着大学的办学定位及发展方向。例如德国柏林洪堡大学，注重“研究教学合一”和“探究维护真理性知识”，知识与学术作为大学发展的最终目的。到了近代，国家与大学之间关系增强，政府开始干预大学发展，大学成为国家意识形态的工具，高等教育国家化范式得到充分体现，由此而形成政治权力与学术权力并存的格局，以德国大学形成的“国家-官僚-教授”管理模式为典型[83]。二战后，脱胎于欧洲模式的美国大学开始发展赠地学院，将服务于地方经济建设纳入大学发展战略规划，市场运行机制介入大学管理体系，并影响和制约大学办学定位及发展方向。至此，三足鼎立的“政府、高校与市场”关系得以确立。这也正是伯顿·克拉克在《高等教育系统：学术组织的跨国研究》中所提出的三

角协调模型理论形成的时代背景[84]。

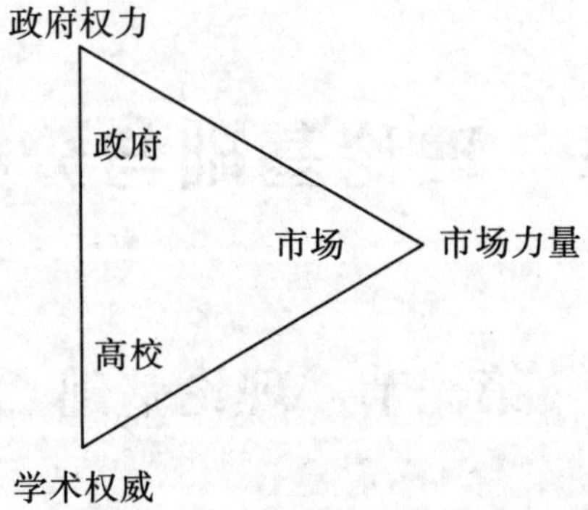

图 2-1 伯顿·克拉克高校治理三角协调模型

在三角协调模型中，政府权力象征社会集体意志，以政策、法规以及财政拨款等形式对高校施加影响；学术权威象征以资深教授、学者专家为知识和专业载体的本性力量，以诸如学术委员会等正式组织或非正式组织对高校施加影响；市场力量象征教育消费者的意愿，以服务对象或产品承接者的要求为导向对高校施加影响[84]。正如伯顿·克拉克对该模型描绘的那样，“三角形的每个角代表其中一种模式的极端和另外两种模式的最低限度，三角形内部的各个位置代表三种力量不同程度的结合”[85]。在伯顿·克拉克看来，当高校以资深教授和专家学者为追求知识与学术而形成自治主体力量时，学术权威居于三角协调模型的最佳位置，其影响力最大；当国家为高校提供全部或大部分经费支持时，政府权力居于模型的最佳位置，对高校的控制力增强；当市场力量成为影响高校发展的主体要素时，政府权力对高校的影响力减弱，市场力量居于模型的最佳位置[86]。伯顿·克拉克提出的三角协调模型理论揭示了高等教育发展的基本矛盾，为研究政府、高校与市场三者之间的关系奠定了方法论基础。

(二)解释逻辑

伯顿·克拉克的三角协调模型是分析高校治理著名的理论模型之一，它将政府权力、市场力量、学术权威描述为三股力量，即高校在政府、市场和自身之间寻求一种平衡，通过相互作用决定高等教育系统的协调方式。伯顿·克拉克把高等教育治理看作政府、市场和高校的博弈过程，进而把西方高等教育系统的协调模式大致分为国家协调模式、市场协调模式和学术协调模式[87]。基于伯顿·克拉克的三角协调模型理论，许多学者结合高校治理的实际经验，提出了一些理论模型，将高校治理模式分为不同的类型。例如，依据组织理论将治理结构划分为学会组织模式、官僚组织模式、政党组织模式、控制组织模式四种类型[88]；依据校长在整个管理系统中所处的位置和权力影响将治理结构划分为科层模式、同事协商模式、多中心模式、无政府模式四种类型[22]；基于"控制-文化"视角，根据政策控制和实践控制的不同组合方式将治理结构划分为共享模式、科层模式、法人模式以及创业模式四种类型[89]；根据政府、市场和高校三者在高等教育中所扮演角色的轻重，把外部制约方式分为官僚控制模式、市场模式和学院控制模式三种类型[90]。另一个著名的治理分析模型是凡·维格(Van Vught)的二维模型：国家控制模型和国家监督模型。根据凡·维格对于治理模型的分析，他认为有三种不同层级的人员参与了权力的博弈和协调：顶层政府官员、中层组织管理者、底层学术寡头[28]。无论是二分法、三分法或四分法，研究者对高校治理模式划分的基本维度是克拉克三角协调模型中政府、高校与市场之间的权力关系结构。政府、市场、高校权力主体之间关系结构下，高校治理模式或倾向于契约合作关系，或倾向于行政隶属关系。克拉克三角协调模型的提出在一定程度上有助于解释和分析高校治理现象，为提升高校治理水平做理论上的铺垫。

然而，伴随着新公共管理思潮的兴起，整个高等教育市场化倾向日益明显，政府与高校的关系以及高校内部的管理面临前所未有的变革。高校治理结构、过程和其他运行机制如何受制于这些挑战并回应它们，在新的时代需要新的模型去解释。新的环境与治理模型的提出给高校治理形态改革的解释带来了复杂性，克拉克三角协调模型的解释力存在一些局限性：一是没有对国家分类和在模型中的定位给出清晰明确的评价指标。三角协调模型始终把治理当成一个宏观问题[91]，没有清楚地对高校治理发展规律进行分析，也未能呈现各国文化、社会、治理和经济的改革如何导致权威方向的转变。二是对市场模式的描述模糊[60]。克拉克描述的市场模式的特点是高等教育系统中没有政府的干预行动，也没有学术权威的调节机制，而仅存在一个不清晰的内部动力机制，这种模式不能区分美国和英国高校治理系统的不同[92]。显然，传统的三角协调模型是无法对此做出解释的。三是把政府协调模式作为治理的一种新形式。政府协调模式是一种新的政府哲学，可以作为政府现代化进程的一部分[93]，因此需要寻找一种新的能够考虑其影响的分析框架。

贝达尔·罗伯特(Berdahl Robert)基于政府和市场权力主体下自我调整的自由程度，将高校自治分为实质自治与程序自治两种类型，实质自治指的是高校决定自身的目的和程序的权力，指代的是学术范畴；程序自治是高校决定自身目的和程序方式的权力，指代的是学术运营方式[94]。

整合伯顿·克拉克三角协调模型和贝达尔·罗伯特高校自治分类，本书设计出一个关于高校治理样态分析的三维立方模型(见图2-2)作为高校治理样态分析的解释逻辑：实质性自治——严格或松散；程序性自治——严格或松散；信念系统——文化或服务。其中，实质性自治是指政府在教育和研究事务上严格/松散的目标设定能力；程序性自治是指决策制定者对高校严格/松散的行政控制；

信念系统的主要目标是知识的保存和增长以及对经济和社会的贡献。

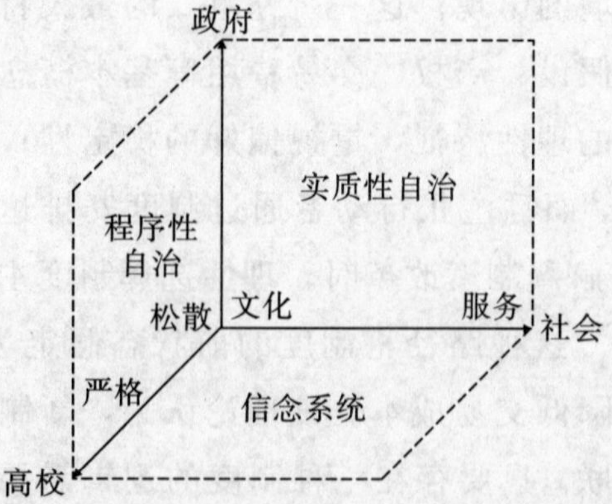

图 2-2　高校治理模式的三维立方模型

二、历史制度主义理论及其适用性

(一)理论内容

历史制度主义是新制度主义政治学的主要分支，是 20 世纪 80 年代以来西方政治学发展过程中的主要分析范式[80]。新制度主义产生于对传统制度主义与行为主义的批判与反思，具体来讲，早期的制度研究主要集中于研究国家政治体制、制度等宽泛而宏大的内容，学者们寄希望于建立一种“理想的完美政体”[95]。随着经济的增长与社会的快速发展，尤其伴随数学、社会学等其他学科的快速成长，以往传统的宏观研究已不能解决新出现的政治问题，于是，新制度主义油然而生。新制度主义产生之后，研究者愈众，极大地丰富了新制度主义的研究阵营，同时也在新制度主义划分上出现七分法、三分法等多种划分方式。其中著名的是泰勒与豪尔提出的三分法[96]，三分法将新制度主义分为理性选择制度主义、社会学制度主义和历史制度主义。历史制度主义是在吸收和整合理性选择主义和社会学制度主义的前提下产生的。

理性选择制度主义认为在没有制度约束的情况下，个体理性会导致集体行动困境的出现。这一研究范式的最大特征是借用新制度经济学的理性人假设、产权、交易费用等基本概念框架分析政治问题；强调政治人的理性特征，重视偏好的稳定性；不仅重视行动者的理性算计行为，而且主张行动者通过制度安排达到共同获利的目的[97]。因此，在解释制度改革时，理性选择制度主义给出的是一种算计路径的解释。这种路径将制度的前状态假定为“无政府状态”，制度的存在可以降低交易成本。该理论认为，新制度与旧制度不存在必然的历史关联，只要存在一种制度的逻辑需要，且个体是理性的，制度就会被创造出来。理性选择制度主义崇尚经济人假设，认为个人存在追求利益最大化的想法，但在具体行为中受制度的约束和规范，强调以算计途径实现。

社会学制度主义认为制度影响行为的方式是为特定社会化过程中的角色提供某种内在化行为规范和认知模板，即指明行动者在特定情景下把自己想象和建构为何种角色。这种研究范式的主要特征是在最广泛意义上界定制度，认为制度不仅包含正式规则、程序和规范，而且包括为人类行动提供意义框架的象征系统、认知模式和道德模板。该理论指出，文化权威的价值体现在能够为特定的制度安排提供合法性基础，却不能为别的一些制度安排提供合法性依据[98]。因此，在解释制度改革时，社会学制度主义给出的是一种文化路径的解释。这种解释认为，一种新制度的诞生可能是在旧的制度文化氛围中自然演进的结果，也可能是新旧文化之间产生冲突的结果。社会学制度主义认为个人并不能完全知晓自身全部利益，即并不完全了解自身偏好，只能按照惯例和规范，侧重选择互动性强的文化途径。

历史制度主义认为，围绕稀缺资源而展开竞争的各个集团之间的冲突构成了政治过程的核心要素。这一研究范式的突出特征是在制度的产生和运作过程中，强调权力的非对称性；在分析制度的建立和发展时，强调路径依赖和政治后果；主张将制度分析与产生某种政治后果的其他因素结合起来进行综合分析[99]。历史制度主义强调制度的重要作用之外，在吸收理性选择主义与社会学制度主义部分观点的基础上，提出历史对制度的重要作用。因此，在解释制度改革时，历史制度主义给出的是一种冲突路径的解释。这种路径主要考察制度、环境和行动者三个变量之间的关系，认为制度可能源于两个集团之间的冲突和竞争，同时也可能来自环境的改革所提供的机会。

综上，理性选择制度主义着眼于个人理性的微观基础，社会学制度主义关注宏观文化与个体行动的关系，而历史制度主义的研究重点是制度的历史演变及制度作用。理性选择制度主义和社会学制度主义分别具有微观与宏观旨趣，而历史制度主义则居中，属于中层理论研究范式。新制度主义的三种研究路径各有所长，其基本的共识在于：第一，分析的动力始于制度而非个人；第二，强调结构对政治行为的决定作用；第三，认为制度对行为的规范作用超过其他因素；第四，认为制度既是人类有目的的行为的结果又形塑着人类行为。现在它们又在各自的核心假设上做出修正，彼此之间的边界日趋模糊。其区别只是三个核心要素在三种分析途径中所处的地位不一样。如果说有限理性是理性选择制度主义的核心概念，那么，路径依赖则是历史制度主义的核心概念，而价值观念则是社会学制度主义的核心概念。在解释公共组织的制度改革上，它们都只具有有限的解释力。理性选择制度主义善于微观的技术分析，社会学制度主义长于宏观的背景探讨，历史制度主义则是一种中层意义的综合解释[100]。因此，各个流派之间出现了交流与整合的趋势。如果放宽三种分析路径各自的核心假设，完全可以把它们整合为一个综合性的分析框架。它们在核心假设上也取得一定的共识，都承认行动者的有限理性、制度改革的路径依赖以及观念的重要作用。

(二)解释逻辑

在历史制度主义视角下，在制度的产生和运作过程中强调权力的非对称性，在分析制度的建立和发展时强调路径依赖和关键节点的作用[100]。其主要特征是时间视域下以历史要素和关键事件为分析内容，以中观变量的分析有机联结宏观理论与微观案例为分析方法，以不受假设限定且中立的解释性理论为价值理念，对制度的生成和改革形成新的理论诠释[101]。历史制度主义把制度置于理论分析的中轴，以历史为基础，构建了结构性和历史性关键事件分析逻辑。

由以上理论内容可知，历史制度主义理论解释应用型高校治理改革具有一定的契合性和合理性。阐明制度与治理、应用型高校治理与应用型高校制度概念关系，是历史制度主义理论解释英国应用型高校治理改革逻辑的合理性基础。

第一，制度与治理的逻辑结构关系。制度是治理的根本和依据，治理是制度的实施和展开。两者既不是彼此替代的关系，也不是对立的关系，而是一种递进关系。制度是治理实现的前提和基础，如果没有一个好的、完善的、科学的制度，那么治理是没有有效依据的，所以说制度是治理的前提和依据，治理是制度的展开和实现[102]。制度对于治理体系构建和治理实践起着指导和约束作用，治理实践和治理体系又有助于制度的完善。制度建设与完善对于治理体系的完善起着指导和规制作用，对于治理的运行和实践起着约束和互动作用，而治理体系的运行和效果有助于制度的改革、完善与定型[103]。

第二，应用型高校治理与应用型高校制度的内在一致性。应用型高校治理是应用型高校组织中各利益相关者的相互关系，它通过权力的配置和运行机制来达到关系的平衡，保障组织的有效运行以达到组织的目标。应用型高校治理要解决利益的冲突与协调问题，安排一个好的制度是达成治理目标的工具和关键。应用型高校的不同治理主体之间利益和价值的多元性与冲突性以及决策者理性的有限性，都决定了制度和治理的内在一致性。因此，从本质上看，应用型高校治理是维持应用型高校与外部环境的关系以及应用型高校组织自身有效运作的一系列正式制度与非正式制度，以及这种制度运作机制的总称。在一定程度上，应用型高校治理的实质就是一系列制度安排。

第三，应用型高校治理改革与制度改革之间相互作用。应用型高校治理既然是制度的安排，就绝对不是静止不变的，而是会随着环境改变而改革，时刻处于一个动态的改革过程之中。应用型高校治理改革本质上就是治理主体为实现某段时期的既定目标而重构制度，是应用型高校制度生成与创新的过程，也是制度不断进行自我形塑和规整的过程。治理改革代表着一种更高效率的制度改革，是对前一种制度安排的替代和消解。

综合以上分析，从历史制度主义制度改革的理论视角解释应用型高校治理改革的逻辑起点为：应用型高校治理改革的本质是融通制度与治理，探寻科学合理高效的制度安排，构建富有活力、务实高效的应用型高校治理体系，将制度优势转化为治理效能，保证应用型高校在合乎办学规律和改革发展的轨道上运行。

(三)理论适用性

结合历史制度主义基本假设和应用型高校治理的制度逻辑概念模型，提出本书的两个假设作为治理改革动力来源分析的理论出发点：一是权力的冲突和非对称性构成了英国应用型高校治理改革的结构逻辑，具体而言就是，国家宏观制度环境对具体制度安排的决定作用，以及经济、利益与观念之间的结构关系对具体制度安排的制约；二是路径依赖和关键节点的作用形塑了英国应用型高校治理改革的历史逻辑，具体而言，通过历史演进可以找出过去对现在的重要影响，强调路径依赖和制度改革的特殊性，并试图通过放大历史视角来找出影响事件进程的历史性因果关系。

从研究的方法论角度上分析，历史制度主义运用的是纵向过程取向法，适合在中观层面基础上做中长期研究，从而超越了常规性制度研究方法，具有较广阔的研究视野[104]。应用型高校治理改革是历史发展的必然产物，受到关键历史事件和社会发展矛盾的综合影响，在不同历史阶段呈现不同的演进样态。结合历史制度主义分析范式探究应用型高校治理改革的适用性表现在以下几个方面。

第一，历史制度主义的结构性分析范式侧重于制度改革的结构逻辑，不仅包括制度改革的背景，而且探究制度改革的变量组成与结构，同时注重行为主体在制度改革中的能动作用，为应用型高校治理改革的结构逻辑探究提供系统、全面的理论诠释空间，有助于梳理英国应用型高校自成立至升格为新大学后治理模式改革的宏观历史背景、中观变量结构与微观组织互动关系，以期深入探究应用型高校治理改革的动力基础、结构与作用机制。

第二，历史制度主义的历史性分析范式更加强调制度的渐进式变化历程，与应用型高校治理改革的实践相契合。英国应用型高校自成立至今历时半个多世纪，其治理模式的演化脉络亦遵循有序渐进式发展逻辑，而对应用型高校治理的历史性考察有助于探究关键节点和路径依赖对英国应用型高校治理改革的作用逻辑。

第三，与其他制度主义流派更加强调单向作用有所不同，历史制度主义更注重制度与行为主体的互动作用，有助于剖析应用型高校治理改革中各行为主体的行动逻辑，通过改革的行为主体考察不同阶段应用型高校治理改革的方式和路径选择。

第二节　分析框架

一、治理模式的解释框架：三维立方模型

基于本书构建的治理样态三维立方模型，依据高校、政府、社会之间权力主导因素及其结构，将高校治理模式分为三种类型：共享模式、科层模式、市场模式(见图 2-3)。

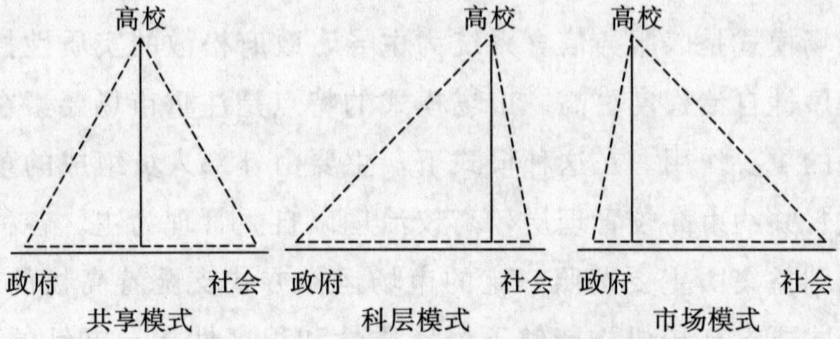

图 2-3　三维立方模型高校治理模式

(一)共享模式——松散过程控制和紧密实质控制与服务信念系统

共享模式的特点是政府、社会和高校之间权力的分权制衡，政府在高等教育治理中采用分权化手段，政府下放决策和执行权力，将大量的服务职能下放给中介组织来承担，迫使高校无法进行垄断性控制，体现多主体共同治理的理念[105]。共享模式特征是服务信念系统占主导，程序性自治程度高，实质性自治程度较低[106]。政府通过政策工具、制定目标、激励措施和绩效审查等进行宏观管理，高校与政府形成良好互动，并不断提升自身的管理技能[107]。

(二)科层模式——松散实质控制和严格过程控制与文化信念系统

科层模式的特点是高校处于政府的全面管控之下，高校的自治权受到较大程度的限制，这种治理模式凸显出行政本位、官本位的特点。政府通过立法对整个国家体系和高校治理一致性进行规范和约束。高校管理层在法律法规的要求下更多是行使行政权力，对高校的运作是否符合法律规定进行检查和监督。科层模式以程序理性为主导，高校的实质性自治受到很大限制。

(三)市场模式——松散实质控制和过程控制与服务信念系统

市场模式是以服务信念系统为主导，政府松散的实质性控制使高校程序性自治程度更高。市场模式的特点是注重市场要素在高校治理中的重要作用。在这种模式下，主要由外部人员组成的董事会直接监督并约束高校管理层，高校治理以自主管理为主。各种分散力量和利益集团主要按照一定的市场运作方式支配着高校的运行。这一模式要求高校机构能够不受实质性和程序性指导方针的约束，但需要具备更高的管理技能[108]。

三维立方模型在本书中的解释适用性在于，其整体论视角下的高校治理三种模式的划分，较好地契合了英国应用型高校不同阶段治理改革的实践与特征；三种治理模式与本书重点关注的治理研究范围厘定具有内在的一致性，即两者均关注高校、政府、社会之间的关系结构和逻辑。

二、治理改革的制度逻辑：结构观与历史观

结构观和历史观是历史制度主义分析制度改革的核心范式。在结构观维度，深层结构由政治体制与经济体制等宏观制度构成，在特殊场域中，政治与经济变量之间的互动方式特征对于政治体系与

经济体系有着重要影响。在历史观维度，可追溯制度产生的脉络，确定关键事实对历史节点的影响，突出强调制度发展变化路径依赖的特点，通过关注历史发展进程中的关键节点和细节，找寻并挖掘影响制度改革的关键节点或历史否决点。

（一）结构观

历史制度主义强调政治、经济、文化、社会等宏观环境要素以及行动者之间的互动对制度的影响。其中，“背景-制度”结构旨在探索制度背后深层次的、普遍性的历史背景因素，以此解释复杂的制度现象；“制度-变量”结构则考虑了变量序列和结构对制度改革的影响；“制度-行为”结构强调制度、制度制定者与受制度规制的行为主体之间在行为层面的互动，分析制度与行为之间的互构性影响，即具有自主权的行动者能够根据其他行动者的行动和情况做出新的反应。

（二）历史观

历史制度主义的历史观可以划分为路径依赖和改革方式两个方面。历史制度主义强调历史对制度改革的重要性，认为制度改革是发生在历史环境下的，随着时间的流逝而开始发生制度改革，不同的时间段所做出的行为影响不同阶段的制度形成与更新。历史分析范式则是对制度演进的历史进行系统梳理，分析制度在演进过程中出现的积累、断裂等现象及其背后的机制。这一范式包括两个核心分析工具，一是路径依赖，即最初的制度或政策选择会按照一种惯性持续下去而不会轻易发生变革，它是架设制度过去、现在与未来的桥梁，这一点类似于社会学制度主义中的积淀概念，其存在的原因可能与行动者的有限理性、制度转换的交易成本高昂等因素有关；二是改革方式，即制度的稳定也只是相对的稳定，当外部环境发生巨大变化，出现具有较大影响力的关键节点时，制度原本的均衡状态将会发生断裂和演变，这种演变既包括渐进性改革，也有对旧制度彻底反叛的决裂式制度改革[109]。

本书以历史制度主义制度改革分析的结构观和历史观观照应用型高校治理改革的动力基础和作用逻辑。由于历史制度主义本身就是一个中层的综合分析框架，具有鲜明的中观方法论属性，具有沟通宏观与微观以及将其他两个流派所考察的变量纳入自身分析视野的开放性，因此，在分析应用型高校治理改革时可以建构一个以历史制度主义为核心的理论分析范式，构建基于结构观和历史观两个维度的应用型高校治理改革动力逻辑综合解释框架（见图 2-4）。

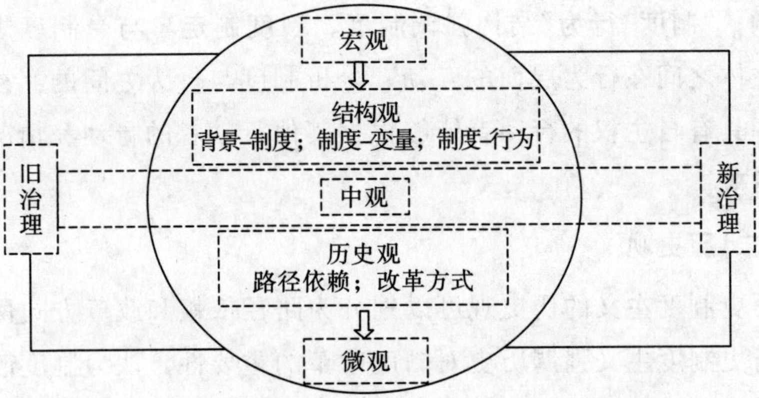

图 2-4　应用型高校治理改革动力逻辑综合解释框架

第三章 英国应用型高校治理改革：治理样态

英国应用型高校的创立与英国“二元制”高等教育体制的建立相伴而生，应用型高校升格为新大学后，“一元制”高等教育体制得以再次形成。基于英国高等教育体制的改革，结合历史制度主义的历史分期理论和三维立方模型治理样态分析框架，分析应用型高校治理改革时将其放置在一个 1966 年至今的历史时段去梳理其改革的过程，将应用型高校治理改革划分为“二元制”时期和“一元制”时期两个阶段进行比较与分析。

第一节 “二元制”时期英国应用型高校治理（1966—1992 年）

确定应用型高校治理改革“二元制”时期起点的关键节点是 1966 年《关于多科技术学院与其他学院的计划》颁布。20 世纪 60 年代初期，英国经济的迅猛增长、第三次科技革命浪潮的冲击、舒尔茨的人力资本理论和平等主义思想的兴起、战后人口出生率的激增以及《1944 年教育法》颁布后中学后教育的扩张引起在校时间的延长等多种因素使得“让更多的人接受高等教育”成为不可回避的话题[44]。随着科技、经济发展和劳动力结构的变化，社会对多层次、多类型人才的需求与英国高等教育贵族性、精英型传统的矛盾日益突出[110]。传统研究型大学长期以来形成的学术与理论至上的教育模式已无法满足社会对应用型人才的需求。在此背景下，英国政府开启了高等教育体系的“二元制”改革。

一、“二元制”高等教育体制

(一)“二元制”的形成与发展

1.“二元制”形成的背景与原因

二战后，英国面对经济落后于美、德等国的现实，痛感要振兴英国必须大力发展高等教育，特别是适应社会需要的科技教育和实用教育，培养多种层次的人才，进行职业与技术的训练。如何扩大英国高等教育规模来适应社会的需要成为政府考虑的主要问题[111]。在此宏观背景下，英国应用型高校应运而生，英国高等教育“二元制”开始形成。

1963年《罗宾斯报告》为二元制的形成提供了可能性。以经济学家罗宾斯（Robbins）为主席的高等教育委员会经过严密的调查与考证，于1963年10月发表了《高等教育委员会报告》(通称《罗宾斯报告》)，提出的建议包括扩充高等教育人数、升格高级技术学院、加强与产业界的合作[47]。《罗宾斯报告》认为高等教育的扩充应集中在大学，实现大学与非大学的各学院的联合，建立以大学为主、完整统一的大学体制，提出了“所有具备入学能力和资格并希望接受高等教育的青年都应该获得高等教育的机会”的倡议[112]。其指导原则明确规定：“高等教育的体制必须允许高校的自由发展。除那些必须维护的、最重要的功能外，现存的高校必须能自由地进行实验而没有预先规定的限制。如果经验表明新型学校的实验是值得进行的话，那么就应该自由地进行这类实验。”[113]该报告的发布虽然倡导继续实行大学为主的“一元制”，但是其关于大学不能满足社会需求而应该扩展或新建大学的倡议得到了普遍认可，为非大学高等教育的发展提供了可能性。《罗宾斯报告》所提出的建议不仅为英国应用型高校的创立和发展提供了制度性保障，而且奠定了英国应用型高校该阶段治理模式生成的思想基础。

之后，克罗斯兰(Crossland)的演说直接推动了“二元制”的形成。在《罗宾斯报告》的影响下，1965 年新任教育大臣克罗斯兰在伦敦伍尔维奇理工学院(今格林威治大学)发表演讲，主张在国家已有的自治大学系统之外，正式设立一个以多科技术学院为主体，包括其他学院在内的公共高等教育部门，它与大学在地位上平等[114]。演讲中克罗斯兰代表政府宣布了高等教育“二元制”的构想[16]。同年 9 月，克罗斯兰在兰开斯特理工学院宣布了“两种高等教育”的原则。他认为研究型高校过于强调博雅教育，没有走出学术象牙塔，其学科、专业及课程设置不能满足社会发展的需要；高等教育应该在公共控制之下并为公共社会服务[15]。他批评了英国当时按阶梯原则给大学分层分类的做法，提出英国的高等教育制度不应该按照阶梯原则分层，大学与非大学应该相互独立、并行不悖、共同竞争。

1966 年，《关于多科技术学院与其他学院的计划》颁布，标志着“二元制”高等教育体制的形成[115]。《关于多科技术学院与其他学院的计划》将原有的 90 多所艺术教育和技术教育等独立学院合并为 30 所与大学平等的多科技术学院，1989—1992 年，又有 4 所高等教育学院获得多科技术学院地位。34 所多科技术学院的成立反映出英国高等教育大众化的途径已从创建新的大学转向挖掘存量高等教育潜力并调整其结构。

2.“二元制”的要义

英国高等教育的“二元制”把高等教育分为自治(autonomous)的大学和公共控制(public-controlled)的非大学两部分[116]。大学与非大学之间是一种彼此独立、平等互补的关系，并不存在对立。“二元制”高等教育体制是“由传统大学和新建学院两部分高等教育组成，是一种并行发展的体系”[117]。

英国高等教育“二元制”的其中一元是指自治的51所大学，包括7所古典大学、18所近代大学、6所红砖大学、20所平板玻璃大学[16]。另一元是指公共控制的非大学，包括四种类型：一是34所多科技术学院，这些学院作为整个非大学系统的旗舰起着重要作用；二是14所苏格兰中央学院，这些学院主要是由苏格兰教育部供给经费，有些苏格兰中央学院与多科技术学院很相像，但另一些则是专门的单科技术学院；三是64所高等教育学院，它们是在20世纪70年代中期减缩师范教育的基础上形成的，这部分院校包括初期的多科技术学院、文科学院、教育学院(仍专门从事师资培训)以及萌芽状态的社区学院(类似美国的社区学院)；四是300多所继续教育学院，此类学院主要提供职后教育课程[118](见图3-1)。

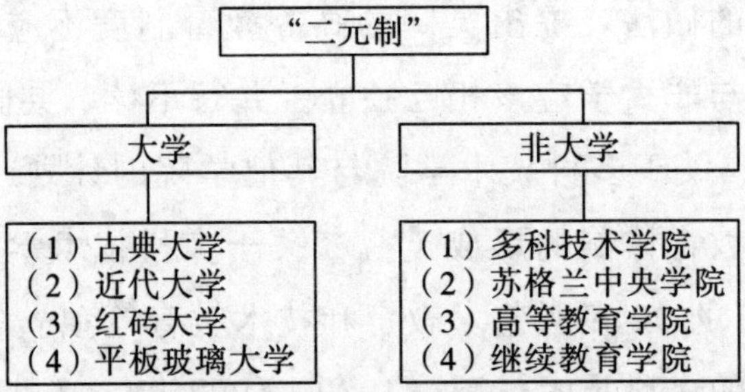

图3-1　英国高等教育“二元制”的大学与非大学

需要说明的是，1987年《高等教育：迎接新的挑战》白皮书专门讨论了英国高等教育“二元制”中非大学的问题。白皮书认为，“多科技术学院及其他地方学院”这一高教系统常被称为“公共高等教育系统”，这样的称呼往往使人误认为在大学与同样主要以政府资金办学的其他高等院校之间有着明确的分界线；并且发现使用“公共”“系统”这类词语全然无益，导致公众的认知同政府要求所有高等院校尽可能吸引私人资助的愿望不一致[119]。因此，希望政府在谈及这一部分的高等教育时尽量不用这些词，在白皮书内则完全代之以“多科技术学院及其他地方学院”。由此可见，英国高等教育非大学部分实质上主要是指“多科技术学院及其他地方学院”。此外，英国高等教育“二元制”的创立以及消亡都是以多科技术学院为主要标志，所以本书将“二元制”非大学部分的范围划定为应用型高校，其他非大学高等教育不在讨论范围内。

3.“二元制”时期高等教育的发展

英国高等教育“二元制”的形成与发展有力地推动了20世纪60年代至90年代英国高等教育体制由精英教育向精英-大众教育的演变。一是学校规模明显扩大。1963年《罗宾斯报告》发表时英国只有24所大学，2000年达到112所大学、54所学院[120]。二是学生数量急速上升。自从《罗宾斯报告》颁布，整个英国高等教育的学生入学人数迅速增长，入学率显著提高，注册学生数迅速增长(见表3-1)[112]。三是招生人数明显增加。1960年，19～20岁适龄青年中仅有4%的全日制大学生，1987年这一数字上升到15%，1997年达到36%(见表3-2)[121]。

表3-1　1959—2000年英国高等教育学生数量

单位/万人

年份	学生数量
1959—1960	40
1965—1966	42.9
1980—1981	82.7
1995—1996	165.9
1999—2000	180

表 3-2　1900—1997 年英国高等教育全日制入学率

年份	入学率
1900	1.2%
1938	2.7%
1960	4%
1987	15%
1990	19%
1997	36%

“二元制”体系的建立有效促进了英国高等教育的大众化发展，然而，无论是“二元制”产生还是运行过程中，其作用与影响一直是争论热点。支持者认为“二元制”是英国高等教育独特的体制轨迹[122]，反对者认为这是一种教育机会不平等的教育制度，使得应用型高校和其他学校在与大学的竞争中处于不利地位[123]。直至 21 世纪初，高等教育“二元制”一直处于争议之中。

(二)“二元制”下应用型高校与研究型高校的比较

英国应用型高校是 20 世纪 60 年代中期发展起来的一种新型高等学校，它在英国科技人才、专业人才的培养中占据着重要地位，在服务当地经济和社会发展中起着重要作用。英国应用型高校虽然属于高等教育范畴，但在学位授予、经费来源、课程设置、学制安排、招生情况、师资队伍等方面与研究型高校有着极大的不同(见表 3-3)。

表 3-3　“二元制”时期英国应用型高校与研究型高校的比较

比较维度	应用型高校	研究型高校
学位授予	无学位授予权	具有独立的学位授予权
经费来源	地方政府直接拨款，经费管理权力受限	教育和科学部通过大学拨款委员会拨款

续表

比较维度	应用型高校	研究型高校
课程设置	“三明治课程”、单元课程、证书课程	学术性课程
学制安排	同时招收全日制和非全日制学生，学制较为灵活	以全日制学生为主
招生情况	面向本地区招生，入学门槛较低	面向全国招生，入学门槛较高
师资队伍	具有一级荣誉学士学位、博士学位的教师比较少	具有一级荣誉学士学位、博士学位的教师较多
就业升学	部分专业就业率高于研究型高校，升学比例低于研究型高校，就业适应性较强	就业类型稳定性较高，部分专业就业率低于应用型高校，升学比例较高
人才培养	服务地方的应用型人才	学术研究型人才
办学特点	回应性、职业性、创新性和开放性	超然性、学术性、保守性和排外性

1. 学位授予

有无学位授予权是区分“二元制”时期应用型高校和研究型高校的重要标志[124]。研究型高校具有学位授予权，由学校直接授予学位，对外事务以及多数学术活动和国际交流由学校自己决定；而以多科技术学院为代表的应用型高校没有学位授予权，各种学术活动和国际交流要按照教育和科学部批准的计划进行。应用型高校学生获得的学位分为三种：国家学位授予委员会学位、合作大学学位和初级教师学位[125]。在应用型高校成立的最初几年中，国家学位授予委员会对其学位课程的审议颇为审慎，合作大学颁发学位是应用型高校学位教育的主体。1965—1966 学年，攻读国家学位授予委员会学位课程的学生人数仅为 3977 人，而攻读合作大学学位课程的学生人数达到 10749 人，到 1968—1969 学年，国家学位授予委员会学位授予人数便超过了合作大学学位授予人数，1977—1978 学年，前者的数量已达到 70613 人，而后者数量仅为 743 人[122]。

2. 经费来源

在管理和经费拨款方面，研究型高校具有自治权，经费由教育和科学部通过大学拨款委员会拨付，教育和科学部成为大学经费的主要提供者，给予了研究型高校充足的经费[126]。研究型高校在财政开支上有较大的独立性，教育和科学部不干预其内部事务。而以多科技术学院为代表的应用型高校由地方教育当局管理，人权和财权都在地方教育委员会或教育局，学校只能按照预算申报年度经费，预算项目只能在有限的程度上争取到经费[125]。应用型高校和研究型高校分属地方和中央政府管辖，虽然经费都来源于公共财政，两者的经费标准却很难进行一致性比较。教育和科学部 1985 年公布的《高等教育各领域经费比较》报告称，以全日制文科学生为参照，研究型大学的生均经费数额比应用型高校高出 20%(约 500 英镑)[127]。

3. 课程设置

英国研究型高校课程教学偏向学术性，应用型高校设置的课程以“三明治课程”和单元课程为主，更具有职业性和地方性。

“三明治课程”是英国校企合作育人的标签[128]。“三明治课程”的模式是学生头两年全职在学校学习，最后一年在工业、商业、公共服务领域或国外实习[129]。大多数“三明治课程”都是工程学、商业研究和其他专业科目，选择该课程的学生数量从 1965 年的不足 1.1 万人增至 1991 年的约 7.7 万人(统计数据不包含威尔士地区)，占应用型高校学生总数的比例由 6%增至 19%[130]。

根据 1978 年单元课程委员会的提议，应用型高校需要一种更灵活的课程模式，单元课程被引入，依据学分对学生进行考核评定，而后授予证书或学位[52]。学员享有充分自主权，可以根据自身实际情况选择学科专业、毕业文凭、本学科和其他学科的单元课程。开设单元课程所需的经费主要来自地方政府，另外一部分来自工商企业资助的部分时间制和工读交替学生的学费[131]。发展到20世纪80年代中期的时候，应用型高校学士和高级学位的课程有40%是单元制课程[132]。学分可以累计，学员根据想要获得的某项文凭要求，选择要学习的单元课程、学习方式和时间，积累足够的学分就可以毕业。

应用型高校不仅提供各种学位课程，而且还鼓励学生选修形式多样的证书课程，学生毕业以后可以拿到国家证书、高等国家证书以及学院证书等[133]。由于是根据各地区的工业、商业和服务行业的实际需要设置专业，应用型高校的许多专业是研究型高校所没有的。

4. 学制安排

研究型高校以全日制学生为主；应用型高校同时招收全日制和非全日制学生，主要分为全日制、工读交替或“三明治”、部分时间制三种。应用型高校初期主要招收部分时间制学生，曾占学生总数的75%[127]。学制长短也不一样，分别有三年、两年和一年[14]。学生可以根据自己的实际情况选择不同的学习方式，具有较大的灵活性[133]。由于应用型高校在继续教育方面更具有普及性，可以使那些被排除在研究型高校之外的学生找到接受高等教育的另外一条通道。

5. 招生情况

应用型高校招收学生时受到的限制较少。应用型高校秉承技术教育的多元入学传统，为各种类型的学生提供入学机会。学生的入学资格是：高级或“A”级中学毕业会考证书、16岁普通学校教育证书；商业和技术教育委员会资格证明，或者没有正式资格但具有丰富工作经验[128]。同时，增加包括女性、少数民族、成人、工人阶级子女等群体的入学机会[14]。所以，有时人们也会认为应用型高校是为劳动阶层提供的高等教育，或者是与研究型高校所提供的精英阶层的高等教育相竞争的教育形式。1980 年，办学规模最大的应用型高校大约有 17000 名学生，最小的有 5000 多名学生[129]。大多数应用型高校比研究型高校的平均规模要大。自 1966 年创立到 1980 年，应用型高校的学生人数增长了 65％，有近 27.8 万人入学[132]。1965—1966 学年英国注册学生数是 42.9 万人，其中应用型高校及其他学院就有 24.3 万人，占全国 57％。1980—1981 学年，应用型高校与研究型高校注册学生的比例分别是 50.6％和 49.3％[130]，两者基本持平(见图 3－2)。在高等教育大发展时期，促进注册学生数迅速增长的主要力量来自应用型高校，因为在应用型高校里职业培训的意识比较强，许多条件不够进入研究型高校的学生可以进入应用型高校学习。

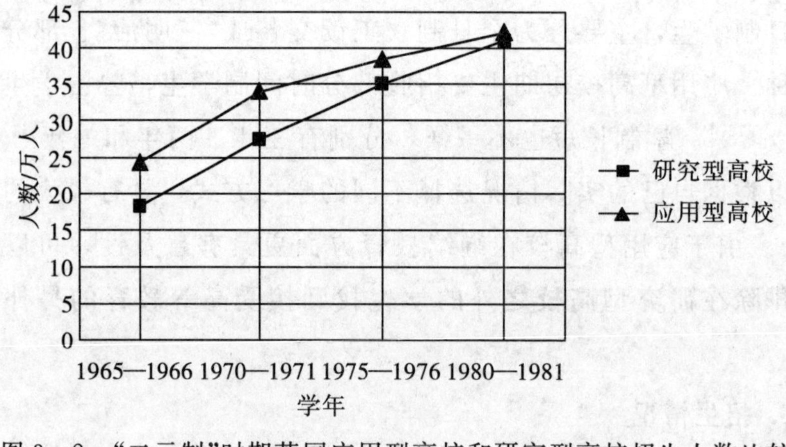

图 3－2　“二元制”时期英国应用型高校和研究型高校招生人数比较

英国应用型高校招生无严格的限制，主要是满足劳动就业的需要，因此要求培养的学生专业面宽、职业适应性强。多数应用型高校同地方企业直接挂钩，具有强调理论联系生产实际和专业设置照顾地方的特点。应用型高校根据企事业单位的需要和劳动市场的人才预测来确定招生数量，有的系科每年招生，有的系科隔一或两年招生一次[128]。应用型高校对学生的要求十分严格，强调打好基础和进行实际技能的训练，为就业创造条件。不少应用型高校就业率达到90％以上，且学生受到用人单位的欢迎[133]。

6. 师资队伍

“二元制”时期，英国政府规定研究型高校与应用型高校都具有大致统一的学术人员薪水标准和统一的各类职称人员比例[131]。全国统一的薪水标准、统一的聘任程序、校外同行评审员制度、固定的职称和等级比例，都使得研究型高校与应用型高校之间没有明显的教职人员指标性差异。哈尔西曾先后于1976年和1989年两次对研究型和应用型高校的教师进行跟踪调查。调查结果表明：研究型高校和应用型高校的教师在学缘结构、政治身份、性别比例方面基本相似。自1976年到1989年，研究型高校教师中教授占比从10.2％下降至9.5％，应用型高校系主任人数比例从4％增至7.3％；研究型高校高级讲师占19.7％，应用型高校高级讲师占50％。但是教师学历学位却存在较大差别，42％的研究型高校教师曾获一级荣誉学士学位，而在应用型高校教师中这一比例只有1.6％；研究型高校教师中有69％获博士学位，应用型高校教师获博士学位的仅有32％[134]。应用型高校教师的实践经验与研究型高校教师相比存在着显著差异，1980年，应用型高校的教师队伍以兼职教师为主，有5.5万人，而专职教师只有2.8万人[127]，应用型高校的教师绝大多数从具有实践经验的工程技术人员和一线管理人员中聘任，应用型高校经常邀请有实践操作经验的技术工程师和管理人员来校讲座或开设新课程以传授新的知识和技能，把生产实际中的困惑和问题及时反映在教学内容上，又把学术理论问题结合到生产实际进行应用[121]。

7. 就业升学

根据1973—1990年统计数据(见表3-4)，就业方面，研究型高校毕业生的就业率总体低于应用型高校；升学方面，研究型高校明显高于应用型高校，两者升学率均呈现下降趋势；失业率方面，按照工作年限，研究型高校呈现先上升后下降的趋势，而应用型高校则呈现先下降后上升的趋势，总体而言应用型高校的失业率高于研究型高校[135]。但是，深入考察后发现研究型高校与应用型高校就业情况存在行业和专业差异。从行业角度来看，应用型高校工程技术类专业和教育专业较多，这些行业也是其毕业生就业的主要领域。1973—1990年，应用型高校毕业生在工程制造行业就业的比例占毕业生总数的30.6%～41.8%，研究型高校的这一数字为17.0%～29.7%；教育行业的相关就业数据分别为4.7%～18.7%和5.0%～7.5%；而在政府部门以及会计金融、农林矿业等行业，同类比例则是研究型高校更高[2]。从专业角度来看，理工类和经管类专业的应用型高校毕业生就业率较高，以1985年的数据为例，当年药学专业毕业生就业率达98%，会计、教育、数学、统计、电子电气工程、商业与管理类专业的就业率也都在70%以上；而毕业生失业率较高的则是文科专业，如艺术类为23%，历史类为22%，社会学类为20%，理工科专业中例外的是化学工程专业，失业率高达18%[136]。

表3-4 "二元制"时期英国应用型高校和研究型高校就业情况比较

学年度	就业率/%		升学率/%		失业率/%		其他/%	
	应用型高校	研究型高校	应用型高校	研究型高校	应用型高校	研究型高校	应用型高校	研究型高校
1973—1974	57.8	4	25.2	35.3	10.2	3.3	4.2	4.0
1974—1975	62.0	54.0	25.3	35.7	8.9	6.0	3.9	4.4

续表

学年度	就业率/%		升学率/%		失业率/%		其他/%	
	应用型高校	研究型高校	应用型高校	研究型高校	应用型高校	研究型高校	应用型高校	研究型高校
1975—1976	61.8	54.0	23.9	34.9	9.4	6.1	4.9	4.7
1976—1977	64.3	57.7	21.4	31.2	8.7	5.6	5.5	5.5
1977—1978	67.5	59.5	19.6	29.6	7.1	4.7	6.0	5.8
1978—1979	66.4	60.8	19.9	27.7	7.3	4.9	6.7	6.6
1979—1980	58.7	55.2	20.1	28.4	11.8	8.4	9.5	8.0
1980—1981	54.4	51.9	20.4	28.8	14.7	10.5	10.7	8.8
1981—1982	55.8	54.3	18.0	27.6	15.7	12.5	10.5	8.2
1982—1983	59.7	55.0	16.7	27.0	14.8	10.8	8.7	7.1
1983—1984	63.6	57.9	16.3	25.6	13.6	9.0	6.7	7.5
1984—1985	65.5	60.3	16.5	24.7	12.1	8.1	6.0	6.9
1985—1986	67.6	61.0	15.7	24.6	10.8	6.9	5.8	7.5
1986—1987	69.3	62.2	15.3	24.1	9.2	5.9	6.2	7.8
1987—1988	70.7	61.8	15.5	23.3	6.9	5.3	7.0	9.7
1988—1989	70.6	60.5	15.4	23.4	6.3	4.7	7.6	11.3
1989—1990	64.6	56.3	15.7	24.2	10.7	6.4	8.9	13.0

8. 人才培养

与英国研究型高校培养学术型人才不同，应用型高校注重高水平技术技能应用型人才的培养，培养方案设计和培养过程强调应用型和地方性。应用型高校主要为地方生产、建设、管理和服务一线培养应用型专业人才，这类人才不需要深厚的学术素养和知识体系，但要求有很强的实践能力、操作能力和岗位适应能力。

9. 办学特点

从英国高等教育的原则看，研究型高校有保持自己学术传统的任务，而非大学的公立高等教育部门必须发展高等职业教育和相关类型的应用型高等教育。与研究型高校所奉行的自治传统教育理念不同，应用型高校倡导的是服务传统，在学校办学定位上突出以应用型为导向[9]。具有自治传统的研究型高校有超然性、学术性、保守性和排外性的办学特点，具有服务传统的应用型高校表现出回应性、职业性、创新性和开放性的特点。应用型高校作为英国典型的地方性院校，其办学经费由地方财政供给，行政管理权也在地方教育当局，其发展具有鲜明的地域性倾向。这一办学特点有利于应用型高校主动加强与地方政府和工商界的联系。

(三)“二元制”的终结及原因分析

随着《1992年继续教育和高等教育法》的出台，34所多科技术学院升格为新大学，英国高等教育“二元制”由此走向终结。结合相关史料和研究成果，“二元制”终结的原因可以分为直接原因和间接原因两个方面。

应用型高校的“学术漂移”是“二元制”终结的直接原因[86]。应用型高校的建立具有显著的政策因素，但该政策的终结与学院后期的发展直接相关。尽管英国建立“二元制”高等教育体制的初衷是求同存异，反对阶梯原则，让非大学与大学处于平等的地位，实现教育民主，但英国的高等教育“二元制”并没有按政府预先设计的路线发展，保持两种类型的高等教育在体制内互补、竞争，维持大学和非大学两部分之间的平衡，而是出现了应用型高校更多地向研究型高校靠拢的“学术漂移”，以此来达到提高地位与研究型高校进行平等竞争的目的，在此过程中出现了反对学习过程不平等的呼声。

应用型高校经过20余年的发展已经完成历史使命是“二元制”终结的间接原因[117]。20世纪80年代政府削减经费，使整个高等教育更具有走向市场的特点。应用型高校和研究型高校在学术研究、学科体系和教师资格等方面越来越趋同化[9]。应用型高校在采用开放式的教育模式培养人才、满足社会用人需求、实现高等教育大众化和民主化等方面取得了显著成效，基本上达到了其成立之初的政策目标，这也是导致这一政策终结的间接原因。

二、“二元制”时期应用型高校与政府的关系

高校与政府的关系是高校治理的重要方面，是指高校在教育活动过程中与政府形成的行政关系、法律关系、经济关系、参与关系以及协调关系等的总和[137]。具体而言，英国应用型高校与政府之间的关系是指基于特定国家高等教育体制，在政府对应用型高校实施干预和应用型高校向社会提供教育服务的过程中，围绕应用型高校地位、政府拨款、自主办学、学术自由等形成的政府权力控制与应用型高校自治之间动态调适的关系，是具有合法性的组织控制力和影响力的结构与过程。

应用型高校的政府治理主要由地方教育当局、教育和科学部以及国家学位授予委员会三个机构来实现[47]。国家学位授予委员会的主要职能是为应用型高校审批并颁发学位，确保其所授予的学位达到相当于研究型高校的学术标准。教育和科学部主要负责收集资料、进行教育统计、制定宏观教育规划[138]。英国地方教育当局参与应用型高校的全面运作与治理。教育和科学部对应用型高校进行宏观指导，教育和科学部下属机构陛下督学处对应用型高校事务进行视察与汇报，应用型高校的学术管理权在国家学位授予委员会。英国应用型高校的三个主要政府监管机构分别在具体运作、学术质量和宏观规划上各司其职，行使对应用型高校的治理权(见图 3-3)。

(一)地方教育当局的直接管控

自 1966 年起，英国应用型高校陆续创立，除了 5 所在伦敦的应用型高校属于中央政府，其他应用型高校都隶属于地方政府管辖下

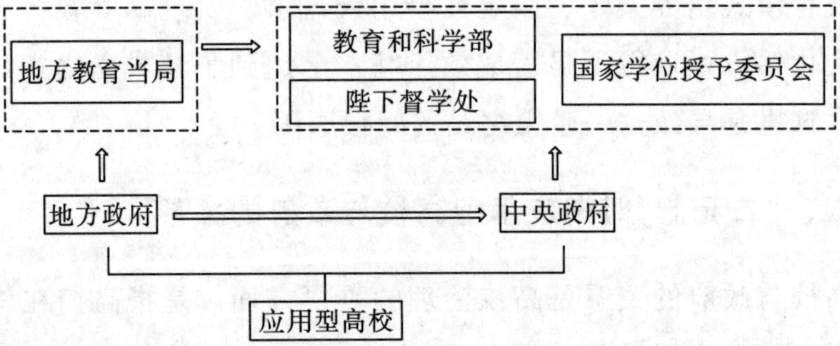

图 3-3　“二元制”时期英国应用型高校与政府的关系

的地方教育当局[139]。地方教育当局通常有权确定应用型高校的教育特征及其在当地教育系统中的地位，在应用型高校的治理中起着直接领导的作用[52]。因此，英国应用型高校在人事、财务、资产、学术事务等多方面受制于地方教育当局的政策和规划，自主空间有限(见图 3-4)。

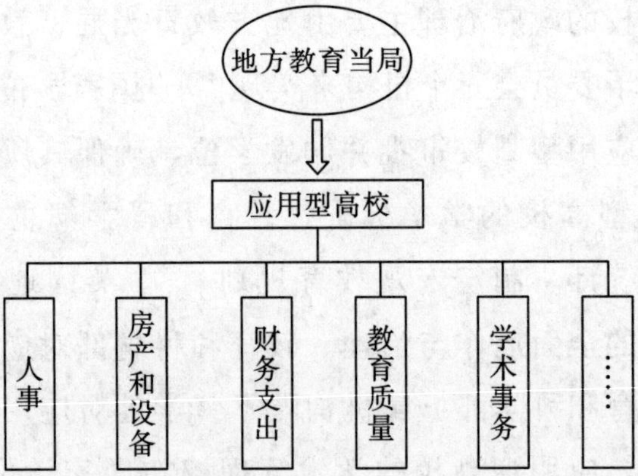

图 3-4　地方教育当局与应用型高校的关系

第一，地方教育当局对应用型高校的人事一直保持着明确的控制。例如，地方教育当局很清楚应用型高校是否有职位空缺，包括这些职位的级别；当工会遇到问题时，与地方当局而不是学院进行协商；应用型高校员工的待遇和薪水也由地方教育当局控制；工作人员的预算通常也由地方教育当局的总务委员会而不是教育委员会控制；地方教育当局还负责批准应用型高校学生的放假及学校相关支出[140]。

第二，地方教育当局控制了应用型高校的房产和设备。英国应用型高校无法控制建筑物的租赁或变更，并且在对这些建筑物进行装修和维护时，须经过地方当局的授权，这种授权经常由教育委员会以外的其他委员会决定[89]。英国应用型高校的各种设备由地方当局直接提供，这些设备甚至具体到教学活动中用的笔和纸板[48]。

第三，地方教育当局对应用型高校的财务支出进行严格限制。这些限制由地方政府条款确立，并且这些条款由地方当局起草、国务大臣批准。通常情况下，应用型高校的理事机构向地方教育当局提交年度收支预算，获得批准后，理事机构按照这些预算进行工作，同时理事机构需要有效地使用资金，避免浪费[141]。这样，地方教育当局就通过详细的年度预算控制应用型高校的支出。尽管校长以及理事机构成员在经费方面有一定的权力，但是他们在受到经费总额限制的同时，也受到严格的转账规则的限制[47]。除此之外，地方教育当局为了应对不断变化的需求和优先事项，提出了更大程度的改进措施——设立特别基金，这些基金可以从一年结转到另一年，主要用于随着使用年限不断产生变化的维修或维护设备等方面[52]。然而，应用型高校只有在财务明显富余的情况下，才能要求地方教育当局提供维修和维护服务，并且有的地方当局要求应用型高校只能使用他们提供的维修和其他服务。

第四，英国地方教育当局对应用型高校的干预在教育质量保障问题上体现得最明显。1964 年设立的国家学位授予委员会是英国第一个高等教育质量保障机构，其监管的范围仅限于应用型高校[142]。在“二元制”高等教育体制下，研究型高校和应用型高校采取不同的质量保障模式。自治的传统使研究型高校排斥校外的质量评估，教育质量的保障由高校自行负责，甚至校外考核官也是高校自己组织和聘请的。政府也相信研究型高校能对其学术标准和教育质量负责。相反，应用型高校的质量保障则采取政府监管的模式。20 世纪 70 年代以来，经费的削减和应用型高校规模的扩大使英国政府开始担心其教育质量[143]。尽管如此，人们仍普遍认为教育质量保障和学术标准是高校自己的事情。

第五，应用型高校的一些学术事务也处于地方教育当局控制之下。课程设置方面，未经地方教育当局事先批准，应用型高校不得开办任何课程。1967 年，区域咨询委员会制度得以建立，以确保地方教育当局不提供过于高级的课程[119]。同时，应用型高校必须接受地方教育当局不时向其发布的指示，“尤其是在有关工资、头衔和待遇问题上”，在学术人员配置方面，不同的应用型高校控制非学术人员数量和成本的机制虽然存在很大差异，但是非学术人员的数量都由地方当局确定[127]。有的应用型高校可以在批准的预算内自由确定非学术人员的结构，同时也要遵守当局有关非学术人员配置的各种规则。这样做旨在形成各个地方教育当局之间的员工可比性衡量标准，但其结果是剥夺了应用型高校对教师职位进行创建和评级的权力。

（二）中央政府的间接督察作用

中央政府主要通过教育和科学部及其下属机构陛下督学处以及国家学位授予委员会来实现对应用型高校的间接控制。

教育和科学部的态度代表着中央政府的立场，“教育和科学部负责管理整个国家大学，以及对英格兰和威尔士的教育制度进行规划，该部配有文职人员，并设有陛下督学处”[132]。教育和科学部与应用型高校的关系体现在，制定与应用型高校发展有关的规划和政策，了解应用型高校发展的现状，对其进行宏观指导。教育和科学部既为教育大臣提供有关国家教育政策的建议，也是教育大臣执行政策的主要工具。教育大臣必须是议员，"在职权上，他是英王的高级大臣，并且是内阁成员。作为教育制度的首脑，在行政上他个人对议会负全责，但并不直接干预课程设置和教学方法等事务"[124]。

陛下督学处为英国教育督导机构，对教育和科学部负责[128]，具有一定的独立性，对应用型高校的事务进行视察与汇报，但不能向地方教育当局或教师下命令。其职责为：视察除大学以外的所有学校(包括独立学校及由地方教育当局主管的继续和高等教育机构)，并向教育大臣汇报；向教育和科学部、地方教育当局及教师提出建议；从事教师在职培训工作；编写教育书籍、发表调查报告等[133]。陛下督学处负责评估全国的地方高等教育工作标准与趋势，向教育大臣提出意见，鉴别并广为宣传好的做法及有广阔前景的新事物，通过日常接触、出版书刊与组织培训来向负有高教任务的其他单位提出建议与帮助。

国家学位授予委员会负责应用型高校的学位授予、课程批准和质量审查[144]。国家学位授予委员会作为应用型高校的管理机构对其课程进行评估，以研究型高校的课程标准作为参照，导致了应用型高校与研究型高校课程设置的趋同化。应用型高校服务地方经济的能力并未得到足够重视，其服务型课程设置的价值未体现在质量评估标准中。在一些学术研究实力比较雄厚的应用型高校，科研工作和研究生培养工作的地位日显重要，在国家学位授予委员会的支持下，科研工作成为教师工作的重要组成部分。

受"教育国家化"思想的影响，"二元制"教育体制后期中央政府逐渐加强了对应用型高校的干预，认为应用型高校不仅服务于地方，同时也服务于国家。中央政府于1982年设置了地方当局高等教育全国咨询委员会（National Advisory Board for Local Authority Higher Education，NAB），主要考察各地方高校有关诸如成本效益和学科平衡等方面的问题，并安排批准课程和分配学生等事宜，提供中央监督，成为国家层面上的行使政府职能的组织机构[133]。尽管应用型高校在法律上由地方政府负责，加强“社会控制”，但由于地方政府的局限性、短视性以及缺乏真正的拥有意识，无法为应用型高校建立全面的教育政策，无法从整体上把握教育特征，在某种程度上成为束缚教育发展和财政统筹机制发展的桎梏，争取更多的学术自主权成为应用型高校的强烈要求。

“二元制”时期，地方政府与应用型高校之间的关系矛盾重重，为“一元制”应用型高校与中央政府关系的演变与发展奠定了基础。地方政府认为，应用型高校的学术倾向使其服务地方政府的能力减弱，办学目标与学校设立之初相去甚远。应用型高校管理者则认为应用型高校同传统研究型高校一样是一个学术共同体，其使命是培养人才，灵魂是学术追求和创新[145]。于是在传统古典大学自治的影响和地方政府的严格管控下，应用型高校领导者强烈要求扩大自治权。不同的应用型高校关注的问题存在相当大的差异，而且并非所有问题都是普遍存在的。多数应用型高校院长认为，和地方教育当局之间的关系阻碍了应用型高校的有效治理。应用型高校认为地方教育当局将其对基础教育的治理方式应用于高等教育机构，而没有考虑到这种治理并不适合高等教育机构[124]。此外，20 世纪 80 年代应用型高校受到无冗余政策的限制。有的应用型高校声称，它们在面临金融危机时无法引入强制性裁员，因为不确定这样做是否合法。因此，在 1980 年的一次下议院的特别会议上，应用型高校院长委员会提出，应用型高校应脱离地方当局而置于全国性机构的控制下[146]。然而，这个提议受到地方当局的反对，“地方教育当局始终认为学院就是地方当局的控制范围，最起码在学校的财政开支上应该如此”[131]。地方当局认为由于它们没有对学院内部经费分配的控制权，导致学院的经费使用权力很大，存在资金浪费和滥用的情况，这种情况在经费极度短缺的困难时期尤其突出，“政府指望所有地方教育当局有效地合作，一起安排课程计划，使学生可能选择最适合他们需要的课程，无论这些课程是在本教育当局管辖之内还是在别的教育当局管辖之内”[133]。因此，地方当局要求控制应用型高校的呼声也很高。“多科技术学院与地方教育当局的关系被证明是它们面临的最困难的问题之一。正是这一问题，或许比其他任何问题都更容易导致多科技术学院的升格”[132]。虽然地方教育当局与应用型高校之间的矛盾不断升级，但是在1988年之前，地方教育当局在应用型高校治理中一直起着直接领导的作用。

三、“二元制”时期应用型高校与社会的关系

“二元制”时期，社会参与应用型高校治理的主要途径为外部人员参与治理和中介组织协调治理，由此应用型高校与社会的关系体现为：一是外部力量参与的有限合作关系；二是以多科技术学院及其他学院基金委员为中介组织的协调关系。

(一)外部力量参与的有限合作关系

外部力量的参与主要表现为应用型高校与地方企业行业或社会组织的合作以及应用型高校理事会中外部人员的参与。

一方面，应用型高校十分注重加强与本地工商企业的合作交流，比如让学生直接到企业学习，或者邀请企业中优秀的工程师到学院讲学，使学生能够体验到理论学习与实际情况的差距，及时了解相关专业的新进展，从而使学生毕业后可以快速适应岗位需求[147]。

另一方面，英国应用型高校与社会的权力关系主要通过理事会机构来实现。与研究型高校治理类似的是，应用型高校亦设立了独立理事和学院理事，学院理事主要来自校内管理者、部分教职工、

少数学生代表，独立理事机构主要由工商业、教育管理部门、社会各界代表和学校部分管理人员组成[148]。其中，独立理事机构是联系高校与社会之间权力关系的中介组织。1988 年之前应用型高校的独立理事机构成员规模一般在 50～80 人，“大约有 10 名成员具有工业、商业和专业的适当或相关经验”[149]。应用型高校通过建立理事会管理机构有效控制地方教育当局批准的年度预算项目开支，以实现地方教育当局控制下的自治[7]。然而，由于英国应用型高校理事会处于地方教育当局的全面控制之下，其权力范围较为有限，在一定程度上限制了独立理事作为决策机构的作用发挥。

(二)中介组织的协调关系

为有效解决应用型高校的经费问题，1988 年《教育改革法》明确提出设立多科技术学院及其他学院基金委员会，原来由地方教育当局代表占多数席位的地方当局高等教育全国咨询委员会(地方当局在咨询委员会的 8 个席位中占有 6 个席位)被取消[132]。由多科技术学院及其他学院基金委员会向多科技术学院及其他学院提供经费，以摆脱地方当局的领导。新成立的多科技术学院及其他学院基金委员会是由教育和科学部指定的独立的中介组织，该委员会有 15 名成员，委员会主席及所有成员均由教育大臣任命。工商界人士和高教界人士占 6～9 名[133]。在委任工商界成员时，教育大臣须把那些他认为具备工业、商业、金融或其他任何专业的工作经验，并已显示出这方面工作才能的人包括在内[131]。教育大臣对该委员会的工作负有全面指导的责任，并对方向性问题有保留权利[127]。政府、多科技术学院及其他学院基金委员会、地方教育当局和应用型高校之间的结构如图 3－5 所示。

多科技术学院及其他学院基金委员会主要通过以下途径实现对应用型高校的治理：一是掌握政府拨发的经费，和多科技术学院签

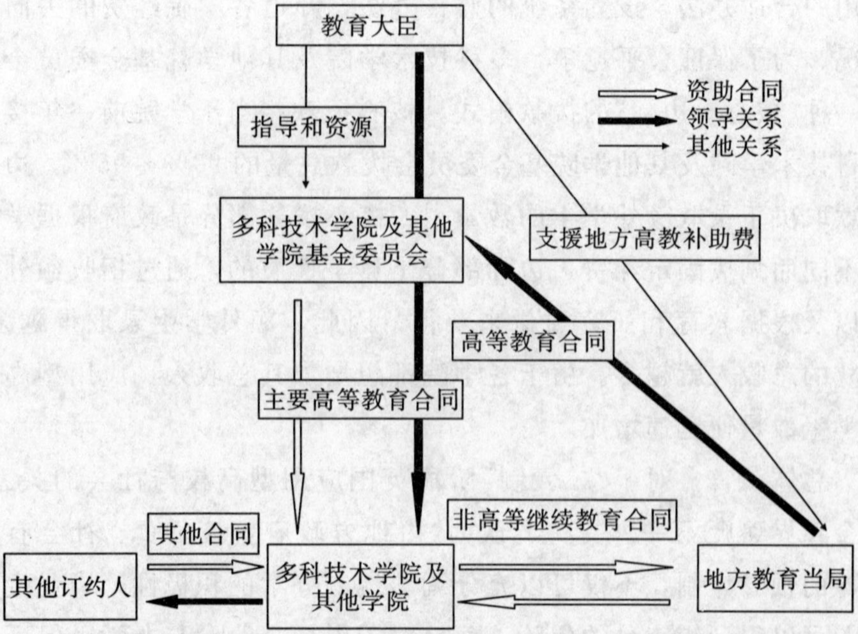

图 3-5　政府、地方教育当局与多科技术学院及其他学院基金委员会的关系

订合同提供教育服务，包括新课程的开发和开创性科研活动；二是向多科技术学院提供基建经费；三是规划并提供教师培训和进修；四是鼓励多科技术学院之间在发展优化管理中合作；五是有权和仍在地方教育当局管辖下的多科技术学院签订合同，使这些多科技术学院提供某些服务[132]。多科技术学院与资助机构签订合同的工作由多科技术学院及其他学院基金委员在教育大臣的指导下完成。在签订合同前，多科技术学院及其他学院基金委员会应对学校的成就进行评估。中央政府通常通过发表其公共经费计划向多科技术学院及其他学院基金委员会提供未来资助情况的信息[47]。此外，多科技术学院及其他学院基金委员将多科技术学院教职员的薪金同资助计划挂钩。多科技术学院及其他学院基金委员会的拨款原则是：公共基金拨给各多科技术学院，以换取各学院教学与科研的成果。这种拨款是有条件的，基金会要向多科技术学院分拨经费必须制定经费

使用的合适办法，设立系统的监督办法，知道各学院经费的去向等情况。为了保证公平竞争，多科技术学院及其他学院基金委员会采取一种“核心＋边际”的拨款模式。核心拨款相当于学院前一年接受多科技术学院及其他学院基金委员会拨款总量的90％～95％，边际拨款取决于录取额外学生的数量[3]。核心拨款部分是政府根据学院的不同而划拨固定经费，边际部分是竞争性质的，通过招收额外学生以及根据教育和研究质量来获得。因此，额外学生录取得越多，学院的总收入就越多。由于各学院都想增加其总收入，应用型高校的学生数量便迅速增加。

总体而言，对于“二元制”阶段英国应用型高校与社会的关系，社会各界褒贬不一。支持者认为“由地方政府直接负责、社会有限参与的领导体制，不仅可以充分调动地方办学的积极性，毕业生的就业可以得到较充分的保障，而且对于引导企业参与办学、保证工学交替的实施有非常积极的作用”[136]；反对者则认为，“如果多科技术学院的政策中有失败的地方，那就是对于多科技术学院、政府和社会之间的制度安排，社会参与治理意识不强，且往往受政府影响很大，最后大多流于形式”[150]。

第二节 “一元制”时期英国应用型高校治理（1992年至今）

确定应用型高校治理改革“一元制”时期起点的关键节点是《1992年继续教育和高等教育法》颁布。该法案颁布后，应用型高校从地方政府的掌控中脱离出来，英国应用型高校新的治理模式开始逐步演化形成，20世纪60年代确立的英国高等教育“二元制”体制开始走向终结[151]。随着英国“一元制”高等教育体制逐步建成，研究型高校与应用型高校在统一的市场里展开竞争，分享高等教育资源。1997年《迪尔英报告》按照成本分担的原则提出学生个人应该承担相应的教育成本[152]，1998年，英国高校开始向所有学生收取学费。由于高校从政府那里得到的经费少了，要增加收入就只能扩大招生。为了吸引更多学生入学，高校之间在学生权利、课程设置、服务等许多方面展开了竞争，由此使得市场竞争机制在整个英国高等教育体系中建立起来。在此趋势下，应用型高校、政府和社会之间新的关系开始演化生成。

一、"一元制"高等教育体制

(一)"一元制"的形成

1988年《教育改革法》为"一元制"的形成提供了法权基础。该法对英国教育体制进行了全面改革，对英国高等教育的管理和经费等方面做了相关规定，首次在官方正式文件中提出废除实施了20余年的高等教育"二元制"的建议[153]。该法案使得中央政府扩大了对英国高等教育的控制权，地方政府对高等教育的影响大大削弱。在此法案的影响下，应用型高校部分事务的治理权逐渐由地方政府向中央政府转移。

1991年，《高等教育：一个新框架》为"一元制"的形成奠定了基础。1991年5月，英国议会发布《高等教育：一个新框架》(简称《新框架》)白皮书。首相约翰·梅杰在前言中勾画了20世纪90年代高等教育的改革蓝图："我们正在走向2000年，我们的目标是达到每三个人中，便有一人受到高等教育。"他认为，在高等教育方面，"我们的改革将主要结束大学与应用型高校和其他学院之间日益严重的人为区分"[154]。《新框架》白皮书建议废除"二元制"，建立一个单一的高等教育框架，其主要内容：一是建立一个统一的大学、多科技术学院和高等教育学院拨款机构；二是在英格兰、苏格兰和威尔士分别成立高等教育基金委员会，负责分配国家提供的教学和科研经费，并设置新的联络机构继续与北爱尔兰现有的机构保持联系；三是扩大较大规模的高等院校的学位授予权，结束国家学位授予委员会的工作；四是使愿意采用大学名称的多科技术学院改称大学，制定相应的标准，符合这些标准的其他规模较大的高等院校也可易名[89]。

《1992 年继续教育和高等教育法》的颁布标志着“一元制”的形成。1992 年 3 月 6 日，议会通过了《继续教育和高等教育法》。此法案建议：一是解散大学基金委员会和多科技术学院及其他学院基金委员会；二是按地区设置高等教育基金委员会，按照区域划分，高等教育基金委员会由英格兰高等教育基金委员会、苏格兰高等教育基金委员会和威尔士高等教育基金委员会组成；三是同意多科技术学院申请改名为大学，具有和研究型高校平等的地位，享有自行颁授学位之权。同时，还取消了国家学位授予委员会，把学位授予权下放到各主要院校[155]。随着 34 所多科技术学院以及部分其他学院升格为新大学，英国高等教育“二元制”宣告终结，高等教育“一元制”形成。这一变革标志着英格兰和威尔士高等教育一个特殊时代的结束，成为英国高等教育体制结构发展的分水岭。

(二)“一元制”期间应用型高校的发展

英国高等教育“一元制”最重要的目标是消弭大学与非大学之间的分界线，为社会提供平等的教育机会。在英国高等教育“一元制”的统一框架下，高等教育机构错位发展，高等教育格局更加多元化。新的时代发展背景赋予了应用型高校新的特点，应用型高校立足自身以教学为主、与产业紧密结合的优势，扬长避短，明确了自己的办学方向。“一元制”高等教育体制下具有应用型高校根基的新大学由此迎来进一步转型与发展。

1. 招生人数增长

在刚完成升格的1993年，英国应用型高校招生人数比研究型高校少了3.53万人，到了2012年，应用型高校则反超了2.05万人，同期，应用型高校海外留学生数量增幅逾100%，超过研究型高校[49]。获得学位授予权后，应用型高校研究生数量逐渐增多，学位水准与研究型高校日益趋同。

2. 科研项目以应用为导向

在科研水平上，应用型高校短期内很难与研究型高校比肩，因此仍以教学为主要任务，与其面向产业需求的定位一致，科研方向主要集中在对基础研究要求较低，同时又能迅速转化为产业需求的领域。

3. 多学科课程取代单元制课程

多学科课程建立在单元制课程的基础之上，两者相互结合。多学科课程的开设打破了单一的荣誉学位，创造了一种“协商文化”，使学生成为学习的主人，参与自己的学习生涯，同时拓宽学生的知识面，发挥他们的才能与特长。例如，英国应用型高校的现代语言学注重应用性，将语言和国家的社会、政治及经济紧密相连，语言课程分为商业、人文和社会科学等单元。多学科课程成为应用型高校引人注目的特色，2013年，19所学院在招生目录上重点突出多学科学士学位课程以吸引学生；到1992年，真正采用单元制课程的应用型高校仅剩9所[49]。尽管单元制和多学科课程在其连贯性方面备受争议，但应用型高校另辟蹊径，开设了与研究型高校迥然不同的、相互补充的课程，形成了自己鲜明的特色。专业课程教授的内容精练适用，并结合科技发展的最新情况不断补充和修订，具有跨学科性以及与工商业紧密联系的特点，实习和实验课时占总课时的三分之一以上[139]。

4. 师资队伍的“学术漂移”

升格之后，英国应用型高校提高了办学层次，许多学院还开设了诸多非纯技术类课程，应用型高校向多科性高校方向发展。新入职教师的学术背景与原教师群体相比有显著提高，但应用经验方面则相对较弱。发展过程中的“学术漂移”导致了应用型高校逐步向研究型高校靠拢，学位课程所占比例日益提高，这也必然使得学校在教师招聘过程中重学术而轻应用[112]。哈尔西2019年调查发现，应用型高校教师中高学历人数占比有所提高，与研究型高校教师相比仍有一定的差距。应用型高校具有一级荣誉学位、博士学位的教师分别为16%和32%，研究型高校分别为42%和69%。英国应用型高校在教师队伍结构和来源方面都与研究型高校之间的差距日益缩小，同构化现象突出[45]。

5. 经费来源结构多元化

在英国高等教育转向绩效经费管理制度的趋势下，应用型高校经费来源结构发生了巨大变化，以英国利物浦约翰摩尔斯大学2009—2018年的财务报表为例，研究发现：学费和教育合同是该校经费的主要来源，占比达64.54%；政府财政拨款是第二大经费来源，所占比例为26.52%；科研拨款和科研合同占比5.17%；捐赠和投资收入占比为0.33%；其他收入占比为3.44%(见图3-6)[156]。可见，从总体结构特征来看，应用型高校经费来源结构具体表征为非均衡三角模式，对学费和教育合同的依赖度较高，使得其在组织治理中能动性受限。根据资源依赖理论，一个组织最重要的存活目标就是要想办法减低对外部关键资源供应组织的依赖程度，并且寻求一个可以影响这些供应组织以使关键资源能够稳定掌握的方法。

6. 办学定位传承特色

对应用型高校传统优势的继承与发挥是应用型高校持续发展的

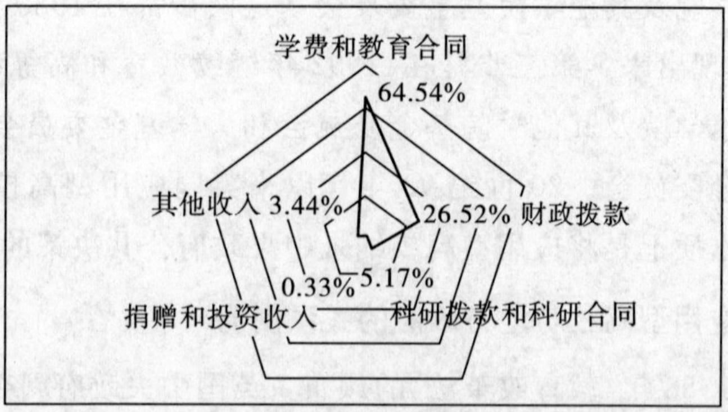

图 3-6　2009—2018 年利物浦约翰摩尔斯大学经费来源结构

重要因素。例如，赫特福德大学办学定位为面向企业和产业的学校，将个人和组织不断超越作为发展目标，如今成为英国领先的创业型大学，与工商业有着密切的联系，成为全英五大“工读交替制课程”提供者之一；牛津布鲁克斯大学以教学的卓越与创新而闻名于世；诺丁汉特伦特大学以教学质量和毕业生就业率见长；学生满意度和可雇佣性则是牛津布鲁克斯大学的优势[5]。英国应用型高校的办学指导思想侧重于学生在应用科学方面的发展，特别强调理论联系实际，强调毕业生实际技术的运用能力，重视生产实践与劳动就业的关系。脚踏实地发展使应用型高校实力逐步上升，近年来，在多项排名中超越了部分研究型高校。

二、“一元制”时期应用型高校与政府的关系

政府“管什么、怎么管”是分析英国应用型高校与政府之间关系的逻辑起点。“一元制”时期，应用型高校脱离地方教育当局的直接领导，中央政府实现对应用型高校的间接治理。由于“一元制”时期地方教育当局对应用型高校的直接领导，中央政府要实现对应用型高校的治理不能一蹴而就，而是分为三步来实现：第一步是使应用型高校脱离地方政府的控制，第二步是废除全国咨询委员会，成立

多科技术学院及其他学院基金委员会，这两步都在 1988 年《教育改革法》中体现出来，第三步是在《1992 年继续教育和高等教育法》中将多科技术学院及其他学院基金委员会和大学基金委员会统一为高等教育基金委员会。20 世纪 90 年代以来英国应用型高校管理政策的演变，本质上是将应用型高校纳入中央政府公共决策的过程[142]。

(一)应用型高校与地方政府的关系削弱

随着 1988 年《教育改革法》的颁布，英国中央政府剥夺了地方教育当局对应用型高校的控制权[153]，缓解了应用型高校与政府的紧张关系。

脱离地方教育当局管辖的应用型高校出现了以下变化：一是具有法人地位，这意味着应用型高校在治理中享有更多的自治权；二是地方教育当局的代表将不再在理事机构成员中占多数，理事机构的成员更加多样化，包括工商业和其他行业的代表；三是自己聘任教职员；四是自己拥有土地、房产与设备[157]。地方教育当局在应用型高校治理中不再起主导作用，本地和本区工商企业代表和专业人员成为主力[110]。

虽然应用型高校脱离了地方教育当局的管辖，但是二者仍保持一定的联系。值得注意的是，在维持英国应用型高校与地方政府的关系方面，高校显得更积极主动。应用型高校与地方维持联系的路径主要有四条：一是与地方工商界紧密合作，促进地方企业发展，争取更多的办学资源；二是加强与地方社区的联系，学院的艺术文化和娱乐设施向地方社区开放；三是创办科技主题公园，服务地方发展；四是成立学校董事会，允许并鼓励外部人员参与学校管理[8]。同时，中央政府承认地方政府在应用型高校事业发展中做出的贡献，也承认许多地方政府尽到了对所管辖的应用型高校的责任。

(二)应用型高校与中央政府的关系加强

“一元制”阶段，中央政府将应用型高校赖以生存的三大支柱——财政、教学与科研紧密结合起来，新的应用型高校治理框架开始重构。新框架清晰地体现出政府与应用型高校的关系，即政府为应用型高校提供财政支持，通过财政控制应用型高校的教学与科研，使得应用型高校与政府立场一致、利益相关。该阶段应用型高校治理包括三方面：财政方面的治理变革主要依靠高等教育基金委员会实施；科研活动的治理则主要通过科研评估活动进行；教学则通过质量保障署实施[158]。政府分别对应用型高校的科研活动和教学质量做出评估，基于评估结果确定对每个应用型高校的资助额度，由高等教育基金委员会负责具体拨款。

第一，基于财政分配的关系。随着应用型高校在政府政策中地位的提升，政府直接干预应用型高校的诸多事务[159]。政府的问责方式主要有财政备忘录、财务报告、审计报告三种[146]，这三种方式都对应用型高校治理的安排以及结构产生了重大影响。应用型高校要与政府及其他资助机构签署财政备忘录，以绩效决定来年资助额度是追加还是削减，应用型高校定期向政府代理机构提交财政状况自评报告，同时接受政府代理机构的外部审计。与以往多科技术学院及其他学院拨款委员会相比，当前承担高等教育财政治理重任的高等教育基金委员会在性质上更倾向于是政府的代理机构，可以直接影响政府政策和财政开支计划，并承担对高校的问责与审计职责。政府的财政拨款在高校收入中占很大比重，且高达三分之一的经费通过高等教育基金委员会发放[160]。应用型高校逐渐像企业一样对自身的财政状况负责。由此可见，基于财政治理的变革推动了英国应用型高校与政府关系的解构和重建[161]。

第二，基于科研管理的关系。英国高等教育科研评估是由英格兰高等教育基金委员会、苏格兰高等教育基金委员会、威尔士高等教育基金委员会和北爱尔兰就业与学习部联合对全英范围内的高等教育机构进行的评估，目的在于提供全英范围内高等教育机构的科研排名，并将其直接用于高等教育基金会的拨款，即拨款是根据科研质量有选择地进行。科研评估活动的评价过程主要关注教学成果和研究成果的质量、研究环境以及声望等诸多量化指标[162]。2012年后，由于政府在资金分配方面的要求越来越高，研究资金的配置以高校在科研评估活动中的绩效为基础，因此科研评估活动的资金通常只分配给科研卓越的研究型高校而非应用型高校，这种筛选性政策宣告应用型高校与研究型高校之间存在显著的分层状况。

第三，基于质量评估的关系。2015 年开始，英国政府就着手推进"教学卓越框架"，目的是提高教学质量，解决教学质量的信息不对称问题[163]。2016 年底，英国政府进行首轮评估，130 多所研究型高校和 34 所应用型高校的教学质量分别被授予金、银、铜等级，依据评估结果分配教学拨款[48]。"教学卓越框架"使学生了解高校的教学质量，从而做出明智的选择，同时也促使高校重视提高教学质量。在"效率与效益"的大旗下，绩效成为无可置疑的行动口号。应用型高校的教学也不可避免地要追求绩效，由此，英国应用型高校引入了专业团体控制之外的、更为规范的质量评价制度，其教学质量评价机构是质量保障署。质量保障署是一个独立的外部质量保障机构，负责英国境内高校的教学质量评价、保障与提升，属于高校外部质量评价，旨在帮助高等教育机构提高改进，对利益相关群体负责，让未来的学生和雇主对质量标准有明确认知，帮助政府做出财政决定[164]。

综上分析，从"二元制"的终结到"一元制"的形成，应用型高校与地方政府的关系显著减弱，与中央政府的关系明显加强。分别以地方政府和中央政府的权力强弱为横纵坐标，构建"二元制"时期到

“一元制”时期应用型高校与政府关系变化图（见图 3－7）。应用型高校与政府的关系不仅动摇了英国高等教育自治的历史传统，而且促进了政府在高等教育治理中的职能发挥。“一元制”时期应用型高校与政府的关系形成是国家干预高等教育事业，直接把握高等教育领导权的开端。应用型高校治理的改革与演化为政府干预大学提供了实践先驱。原因在于：研究型高校系统与应用型高校系统的同时存在，使得高校与政府的关系变成研究型高校、应用型高校、政府之间的三角关系。正如以前研究型高校利用教会来制衡政府一样，应用型高校也可以成为政府制衡研究型高校的重要工具。应用型高校全面或大部分遵照政府要求办学，政府对其进行全力或重点支持，两者形成合力在一定程度上可以共同制衡研究型高校，从而间接提升了政府在高等教育治理中的领导权。因此，“一元制”时期，政府在应用型高校治理中的角色不是直接行政领导者，而是规划者和协调者；政府对应用型高校的治理，由过去行政手段直接管理为主转变为间接管理为主，通过法律来规范治理行为和活动；政府与应用型高校的关系由行政关系转向协调关系。

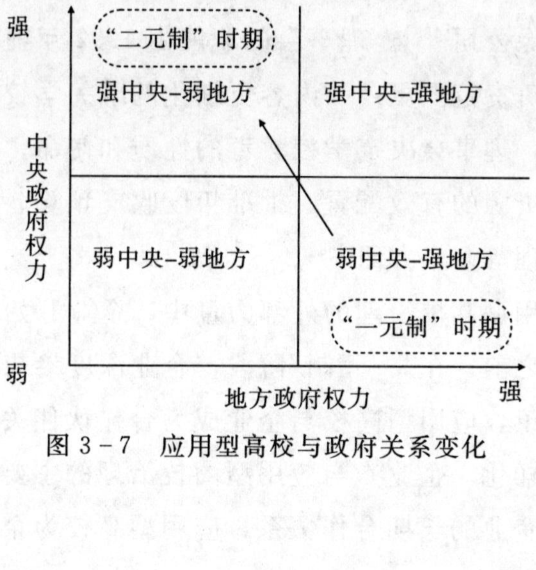

图 3－7　应用型高校与政府关系变化

三、“一元制”时期应用型高校与社会的关系

经过20余年的发展，英国应用型高校与社会的关系呈现出鲜明的特点：一是外部力量参与由被动变为主动，参与范围扩大，参与程度加深，表现出合作中的耦合关系特征；二是中介组织变革，即将应用型高校与政府之间的中介组织统一化为高等教育基金委员会，来协调应用型高校对自治权益的追求和政府对应用型高校社会价值实现的需要这对矛盾。中介机构成立后虽经变更，但其协调者的角色始终没有改变。

(一)外部力量干预的耦合关系

“一元制”时期，应用型高校的外部力量包括理事会中的校外人员和合作企业两类。

理事会中外部人员的比例和职能扩大。按照《1992年继续教育和高等教育法》相关规定，理事会由12～24人组成，其中来自校外的独立理事可多达13人，工商业的代表占比上升，通过外部理事会成员比例和职责的扩大进一步加深应用型高校与市场的联系，使其在运营方面更像公司[165]。理事会的职能由1992年前的制定发展策略与规划转向负责范围更广、内容更细化的事关学校发展的几乎所有事务。例如，理事会决定学校教育的性质和使命、监管学校的活动、负责学校资源的有效配置、批准年度收支预算、学校主要岗位人事任命与管理等多个方面[166]。

在影响应用型高校治理的外部力量中，企业开始发挥重要的耦合作用。相比之前，在“一元制”阶段，企业深度参与应用型高校的发展和治理改革，应用型高校与企业成为合作伙伴关系，合作治理的方式更加多样化。企业参与应用型高校治理的主要路径有：建立应用型高校与企业的长期合作关系，应用型高校为企业员工提供继

续教育；建立应用型高校产业科技园，以产学研合作的方式为企业服务；为企业提供各类信息咨询服务和培养人才[47]。“二元制”时期，应用型高校的日常费用和基建费用几乎完全依靠地方政府公共财政支付，“一元制”时期政府通过鼓励应用型高校与资助单位签订合同的方式来代替拨款的做法，尤其是同私营企业签订合同。英国应用型高校为适应企业的需要，开始了一系列个性化改革。例如，为商业和工业界人士提供短期课程计划，向公司、海外政府和基金会提供适合特定需求的课程或咨询服务，吸引成人学生[167]。在企业参与应用型高校的课程设置方面，英国工业联合会 2000 年对所属 200 家公司进行调查发现，有 70％的公司和应用型高校共同开展课程，其中 52％的公司帮助发展本科课程，48％的公司帮助发展硕士/博士课程[151]。随着企业力量加入，英国应用型高校的科学研究开始注重实用价值，人才培养模式与社会需要结合更为紧密。

(二)中介组织的调控关系

英国社会参与监管应用型高校的主要媒介是中介组织，1992 年至 2018 年主要为高等教育基金委员会，2018 年学生事务办公室作为新的中介组织取代高等教育基金委员会的职能。高等教育基金委员会和学生事务办公室都是英国政府建立的机构，虽然负责管理公共资金，但它不是政府的一部分，属于市场公共服务机构，是政府与高校之间的中介。

1. 高等教育基金委员会

高等教育基金委员会的治理涉及政府、高等教育基金委员会本身和高校三个对象。高等教育基金委员会治理最突出的特征就是以问责制为框架，加强对应用型高校财政的监督与审计，保障应用型高校教学和科研的质量[168]。社会通过高等教育基金委员会对应用型高校开展全面的监管：一是与学生相关的监管，包括学生入学、贷款，学生支持与学习体会调查，与学生相关的争端的裁定和解决；二是对高等教育机构的监管，包括大学和学院机构名称的使用，资助、资金风险控制等；三是对高校教育质量的监管，对教学和科学研究活动进行评估等；四是对高等教育信息公开的监管，范围包括教学质量、财务审计和报表、与学生相关的数据等[142]。

高等教育基金会作为一个非官方的中介组织机构，是“一元制”时期研究型高校与应用型高校共同的经费拨款机构，负责分配来自政府拨款的国家高等教育经费。高等教育基金会的主要职责包括：一是帮助高等院校满足学生的需求，提高教学与科研质量；二是鼓励高等教育多样化，拓宽办学渠道；三是建立高等教育机构的合作联系；四是鼓励高等教育机构加强和扩大在当地、全国及世界范围的影响；五是保证高等教育机构有效地使用资金[169]。基金会和教育与就业部保持密切联系，根据各个学校的科研能力和运作效率有选择地拨付经费，共同签署拨款备忘录和管理条例[154]。教育大臣向议会汇报基金会的活动，议会则通过国家审计署对基金会进行监督和检查[53]。

高等教育基金委员会作为专门的中介机构来协调应用型高校、政府、社会之间的供给与需求关系，以此来保证政府更有效地进行宏观调控和应用型高校更有效地面向社会自主办学，也有利于各种层次和各种类型的高等教育改革顺利进行。高等教育基金会充当着政府和应用型高校之间协调者的角色，一方面体现着国家的高等教育职能，另一方面又是应用型高校自治权利的维护者；同时，它还协调着国家干预与应用型高校自治之间的关系。伯顿·克拉克认为：“20世纪高等教育最重要的发明是它的组织形式，即通过中介组织来缓和中央集权控制的主要结构本身。”[84]高等教育基金委员会面向英国高校分配公共资源，并要保证大学财政的健康，防止大学出现财政亏损。作为政府意志的代理，高等教育基金会的实质是确立应用型高校评估的标准[170]。

2. 学生事务办公室

面对英国高等教育近20年发展所面临的挑战，政府认为应建立一个更为统一、经济、高效的高等教育管理体系。这一体系要求所有相关机构将学生作为高等教育服务的核心消费者。因此，政府反复强调，学生付费接受高等教育，要让学生感到“物有所值”。2017年4月，英国《高等教育与科研法案》颁布，该法案被视为继《1992年继续教育和高等教育法》之后，对英国高等教育立法改革影响最大的文件。学生事务办公室即在此背景下应运而生，成为统一监管的社会中介组织机构。

2018年，政府取消高等教育基金委员会和高等教育公平入学办公室，将其管理和监管职能并入学生事务办公室的单一管理框架。通过立法授权，学生事务办公室通过向高等教育机构收取注册费的方式，将监管机构的大部分运行成本从政府转移到高等教育机构自身。根据统计，中介组织的此番调整预计每年可为英国政府节约1600万～3300万英镑。由于部分高等教育管理公共机构的独特职能，学生贷款公司、大学与学院招生办公室、高等教育独立裁决办公室仍在学生事务办公室以外单独运行。高等教育质量保障署和高等教育统计局以学生事务办公室“委托-代理”的方式，继续开展英国高等教育机构的质量监督和数据收集工作，通过保留上述两机构与高等教育基金委员会原有的合作模式，确保中介组织开展工作的独立性与透明度。

学生事务办公室管理框架大致如下：决策层由10～15人(含主席和首席执行官)组成的理事会构成，均由主管内阁大臣提名并确定任职条件和时间，并保留解聘以上人员的权利。学生事务办公室的员工由理事会委任。学生事务办公室聘用员工的相关条件参照英国政府公务员聘用的标准。经主管内阁大臣和财政部同意，理事会可确定员工的基本薪酬、工作津贴、聘用年限和资格条件。理事会成员的提名应根据学生事务办公室的工作优先职责进行综合考量，如学生事务办公室的多样化职能，主张以学生利益为核心，致力于推动高等教育竞争，理事会成员应具备管理与财务相关工作经历等。主管内阁大臣有权要求查阅理事会的文件，并可派代表出席理事会会议。执行层由各类委员会组成。某一委员会的成立须经理事会讨论，获得半数以上成员同意后方可成立，其具体职能由理事会授权。通过立法，政府赋予学生事务办公室以下主要职责：一是促进信息公开和竞争，确保学生接受高等教育的权益；二是通过建立风险控制框架，监督已注册高等教育机构的办学质量、教学水平、入学公平状况、数据与信息发布、财政可持续性和综合治理水平；三是采取相关措施，敦促或帮助不达标的高等教育机构进行整改，并在必要情况下进行罚款或取消注册资格；四是负责政府教学经费的分配、核拨，包括为扩大高等教育入学范围进行的经费投入。

学生事务办公室“以学生为中心”的教育理念，致力于确保英国高等教育机构的每个学生都能获得一种可以充实他们生活和确保有效就业的丰富的高等教育体验。首先，学生事务办公室的设立是英国政府对高等教育市场化监管所做出的反应。英国政府通过将原有的高等教育基金委员会和高等教育公平入学办公室合并至学生事务办公室，简化了政府的管理程序，节约了管理成本。其次，学生事务办公室的核心理念彰显了当下以人为本、学生主体的教育思想。在这种理念的影响下，学生事务办公室希望能够为接受高等教育的学生提供更加自由和多元的教育选择，保障他们能够自主选择高等教育阶段的学校环境、学习内容以及学习方式，以兑现政府对于教育公平的承诺，并满足学习者自身的个性化发展需求。最后，“教育服务”的思想深深扎根于学生事务办公室的设立和运行理念中。

学生事务办公室将学生视为教育服务的核心，认为高等教育在很大程度上是由消费驱动的，学生即英国高等教育的消费者。因此，对高等教育领域经费分配与收入的监管，也成为学生事务办公室的重要职责之一。

第三节　英国应用型高校治理改革路径

英国高等教育治理改革清晰地显示出政府、应用型高校与社会三者在英国高等教育管理中的种种互动关系，它们之间的关系是动态的，是随着高等教育的发展、社会的需求而推进的。

创立于20世纪60年代后期的英国应用型高校，一开始的特征和使命就异于同时期的其他研究型大学，其治理模式亦不同，主要表现为地方教育当局为主导的科层模式。随着英国高等教育体制向"一元制"转变，应用型高校的治理模式由科层模式逐渐转向市场模式(见图3－8)。变革后的市场模式以注重社会市场主体广泛参与、政府间接或有限参与和应用型高校深度参与为内在特征，运行逻辑更加注重分权制衡价值取向。随着市场模式的进一步深化，应用型高校、社会和政府三者进一步协调整合，变革后英国应用型高校市场导向的治理模式既利用自由市场竞争机制提高效率，也设立一定的条件限制不良竞争和无序竞争；既在微观管理中分权民主，又在宏观层面通过中介组织实现一定程度的集权。英国应用型高校的治理改革历程是英国政府在高度自治的高等教育体系内逐渐实现中央集权的政治意图的体现，同时也是应用型高校争取自治权的过程。政府、高校和市场的关系在应用型高校的改革过程中不断重构，变化的是管理权从地方教育当局收归中央政府、学院自治权的获得，不变的是应用型高校在政府的政策和拨款导向下对市场需求的回应。

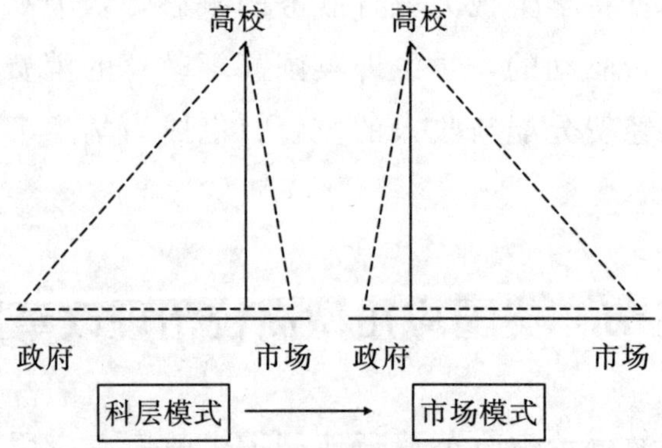

图 3-8 应用型高校治理模式改革

一、政府权力：从无限地方政府到有限中央政府

有限政府是与无限政府相对而言的。有限政府与无限政府的区别主要在于政府的职能、政府的权力和政府的规模[171]。有限政府是指在确保增强政府治理能力、不断提高政府宏观调控水平的前提下，政府要有所为、有所不为，在提供公共产品、公共服务以满足公众利益诉求和市场经济发展客观需要的同时，又受到社会各界监督制约，避免滥用职权[172]。国家通过制度安排，规范政府权力运行机制与方式，实现社会对政治活动的参与监督。这种有限政府理论，已成为近代西方政府概念和体制的基础[173]。无限政府是指那种在其自身权力、规模、职能和行为方式上具有无限扩张，不受法律和社会有效制约倾向的政府[60]。随着应用型高校与地方政府和中央政府关系的动态变化，地方政府与中央政府的改革逻辑表现出差异性。中央政府在应用型高校治理改革的轨迹中是从有限政府到无限政府的趋势，而地方政府在应用型高校治理改革轨迹中呈现出从无限政府到有限政府的路径(见图 3-9)。从应用型高校治理模式改革中政府权力改革的轨迹来看，总体呈现出从无限政府到有限政府的变化，无限政府主要是指“二元制”时期地方教育当局对应用型高

校的全面管控，有限政府则是指“一元制”时期地方政府退出应用型高校的治理核心后，由中央政府通过政策工具和财政工具对应用型高校进行宏观调控。

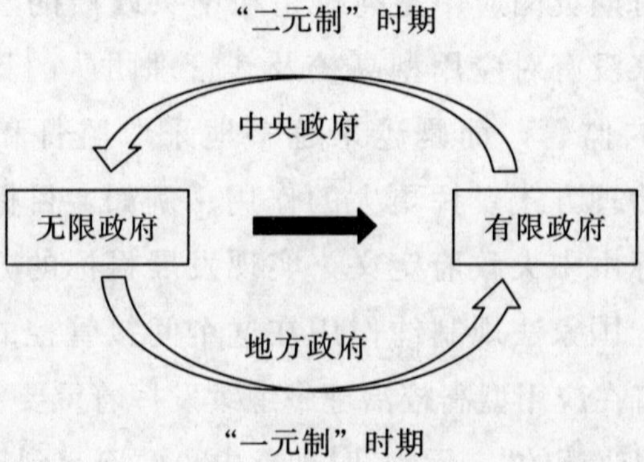

图 3-9　中央政府和地方政府的权力改革轨迹

地方政府的权力改革轨迹呈现从无限政府到有限政府的改革逻辑。在应用型高校发展初期，涉及的只是社会少部分人群，使用有限的地方政府公共经费，中央政府不介入应用型高校治理，只充当监督者或协调者的角色。而后，社会快速发展，应用型高校急速扩张，成为中下层社会阶层向上流动最重要的渠道，应用型高校与地方政府的关系也发生变化。一个用地方政府的资金资助起来的应用型高校，必然走一条政府期望的道路。应用型高校也有责任给予这种期望以回应，完成其社会责任。地方政府有权力要求应用型高校满足地方社会需要，有权力关注分配给应用型高校资金的使用。应用型高校在财政上逐渐转变为地方政府的从属物，学校只剩下执行权、实施权和有限度的管理权。在地方政府越来越强的控制下，应用型高校处于多方牵制之中。

中央政府的权力改革轨迹呈现出从有限政府到无限政府的改革逻辑。“一元制”时期，应用型高校升格大学后加入高等教育统一框架，中央政府对应用型高校的管控逐渐加强。中央政府对应用型高校的管控主要体现在拨款、规划、评估三个方面，通过三位一体的监控体系对应用型高校的发展及治理进行宏观管理。英国应用型高校政府权力模式改革的基本方向是强化中央政府的协调作用。可见，“一元制”时期英国应用型高校是在中央政府的宏观调控下进行有限自治。国家没有对应用型高校及其管理团队的具体行为进行直接和自上而下的监管，而是越来越多地采取监督和远程指导的方式，以间接的治理方式发挥更大的作用。例如，目标管理方法的应用，即发展目标由中央政府定义，实现发展目标的方式由应用型高校确定。然而，国家法规制约作用在这个间接管控的过程中并没有减少，中央政府在应用型高校治理中继续发挥着重要作用。在应用型高校发展和治理改革的“二元制”时期，中央政府起到掌舵的作用。

从“二元制”时期应用型高校完全处于地方政府的管控之下到“一元制”时期在中央政府的宏观调控下自治，政府的权力改革轨迹总体上体现为从无限政府到有限政府转变的内在逻辑。随着应用型高校办学主体多元化以及市场力量与政府力量的交互，政府与应用型高校关系的变革正逐渐从强制性改革走向诱致性改革，从政府主导的渐进式改革走向政府、市场主导的渐进式改革。从英国当前政府在应用型高校治理中的职能与角色来看，现代政府是有限政府。有限政府模式采取变革的渐进方式，既充分考虑市场需求和政府转型服务，又努力建立公平、公正、公开的政府，追求社会的实际效率。应用型高校办学自主权的扩大与落实，有赖于有限政府的理念和法治格局，应用型高校依法自主办学整体局面的形成，有赖于政府依法行政，政府职能与行政职能权限的形成应是有限的和法定的，而不是自定的。在政府与应用型高校的新型关系中，政府是应用型高校的举办者，但政府不能干涉应用型高校的办学自主权。因为应用型高校应“独立于一切国家的组织形式”。有限政府逻辑下，政府的职能更多地从微观上升到宏观[174]。在政府新职能的推动下，应用型高校与政府之间形成一种平等、合作的新型关系。在新型关系的构建过程中，政府对应用型高校的干预和影响总体上是逐渐增强的，但其干预的方式由直接转为间接，尽量减少应用型高校与政府之间的直接冲突，政府关注对应用型高校自治权的尊重和保护。

二、社会权力：从线性运行逻辑到三角运行逻辑

从“二元制”到“一元制”高等教育体制改革，中介组织始终是社会主体参与应用型高校治理的重要工具。作为工具，它既可以被国家使用，也可以被应用型高校使用。无论如何，中介组织是政府与应用型高校之间博弈的产物，正是因为二者相互让渡权力，中介组织才有了无尽的发展空间，它可以偏向于国家控制，也可以倾斜到应用型高校[175]。既然是工具，那么就有衍变的可能性。在应用型高校治理改革中，社会权力改革的轨迹与中介组织的调节方式密切相关。中介组织变化决定了社会参与应用型高校治理改革的方式和运作逻辑。自英国高等教育“一元制”体系形成以来，应用型高校与社会的关系更多地表现为准市场逻辑[176]。在英国应用型高校与社会的关系中，准市场超越了简单、纯粹的市场，通过中介组织的设立和市场机制对应用型高校治理产生影响[177]。一方面，中介组织利用在高等教育领域创立的准市场，使得应用型高校为了有限的资源展开竞争；另一方面，应用型高校利用市场机制谋取更多的经费来源[176]。基于此，从中介组织市场运行逻辑改革的视角分析社会参与应用型高校治理的权力改革轨迹和内在规律具有一定的合理性。结合应用型高校与社会的关系治理样态分析，研究发现社会权力在应用型高校治理中的改革呈现从线性运行逻辑到三角运行逻辑的演变轨迹。

在新自由主义思想和新公共管理运动的影响下，英国政府将私有企业中的市场化竞争机制引入应用型高校的管理中[20]。基于此，

英国高等教育市场由以应用型高校为核心的供给方驱动型运行逻辑逐步转向以学生为核心的需求方驱动型运行逻辑[178]。供给方驱动型运行逻辑下，中介组织、应用型高校与学生为直线关系，即中介组织提供资金给应用型高校，应用型高校提供教育服务给学生(见图 3－10)，应用型高校对中介组织的资源依赖程度较高。而需求方驱动型运行逻辑下，中介组织、应用型高校与学生是三角关系，即中介组织将部分权力让渡给学生，将消费主义引入应用型高校管理中，通过竞争生源(消费者)倒逼应用型高校提供更高质量的教育服务(见图 3－11)[179]。随着中介组织资助模式由资助生产者主导模式向资助消费者主导模式转变，学生、企业等消费者的评价作为评估指标，都推动了学生权力的变化，在一定程度上改变了学生的自我认同[180]。

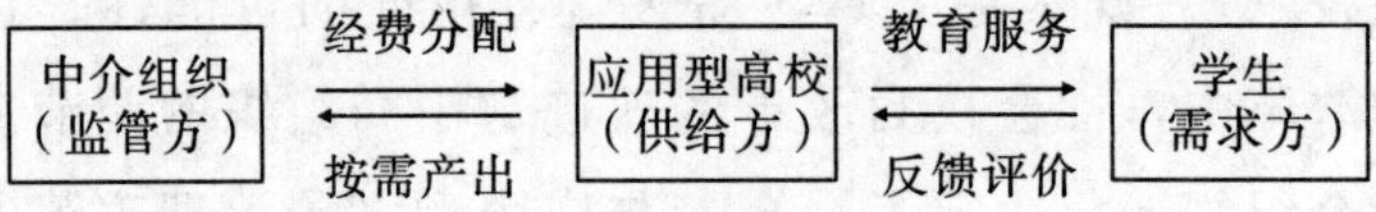

图 3－10　供给方驱动的线性运行逻辑

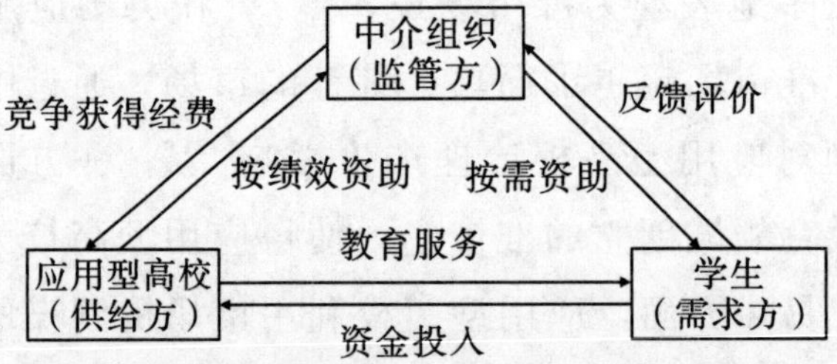

图 3－11　需求方驱动的三角运行逻辑

中介组织由供给方驱动型运行逻辑向需求方驱动型运行逻辑转变会对应用型高校教育服务提供过程产生重大影响。随着中介组织机构由多科技术学院及其他学院基金委员会到统一的高等教育基金委员会的变化，中介组织资助方式和原则也会协同进化。供给方驱动型运行逻辑以中介组织与应用型高校之间存在的直线关系为特征，学生作为服务的使用者对资源分配没有任何直接的影响，服务提供者需要通过竞争来获得稀缺的资源，主要是通过中介组织来达成目的。但这种竞争是有限的，因为资源供给通常是根据相关政策的公式来计算的。有研究者曾经对英国高等教育中基于教师和基于招生的公式进行过研究，发现“尽管这些公式反映不了多少实事，但几乎所有人都认为招生和花费之间存在线性关系”[181]。供给方驱动型运行逻辑也称为输入型融资，“在这个过程中，无论是资金供给还是花费的类别体系都被资金提供者（中介组织）控制”[22]。然而，通过运行逻辑的变革，需求方驱动型运行逻辑下资源分配将会变成输出型融资，资金投入和生产效率的提升都变成服务提供者（应用型高校）的责任，中介组织基于“输出价值”来分配资金[182]。很明显的是，通过把资助目标从输入型成本向输出型产品转移，需求方驱动型运行逻辑同时改变了市场参与者之间关系的本质。市场系统在监管者（中介组织）和服务提供者（应用型高校）之间创造了一个更加平衡的关系，应用型高校开始基于自己的直接需求来接受资助，而非中介组织对它们的间接感知。服务提供者（应用型高校）彼此之间的关系也在变化，尤其是市场巨大而资源稀缺的时候，对预算的控制给予应用型高校更多自由来选择目标，但这些目标只有在应用型高校能够成功获得资源的条件下才能达成。

理论上，在供给方驱动型运行逻辑中，缺少足够的财政激励使得应用型高校缺乏动力来招收学生。在需求方驱动型运行逻辑中，政府很大程度上把招生的权力和责任抛给了应用型高校，并基于教育服务来设置资助标准，使得应用型高校急切地在各自擅长的学科招收学生。这个举措反过来给予学生更多的择校权力，使得应用型高校各展所长、竞相吸引潜在的新生。因此，应用型高校需要更好地响应市场和社会需求，满足学生的需求以获得成功，政府的资金也就跟随学生而运转起来。然而，上述所有的理论讨论都只是停留在理论层面，实践情况又是如何呢？

实践层面，由于应用型高校的经费来源主要依靠学生，尤其2012年取消应用型高校招生人数的限制后，应用型高校学生作为消费者的身份愈加明显。学生事务办公室认为学生是教育的消费者，高校的使命是为学生提供他们所需要的教育[183]。由此，学生作为消费者的市场运行机制逐渐形成。应用型高校之间由基于财政经费的市场竞争模式转向基于生源(消费者)学费的市场竞争模式。学生作为核心顾客，权力得到提升。由此，学生从学徒变成了支付者、消费者，学者则从高级艺人、师傅变成了可交换知识的输出者，成为生产者、供应商、服务的提供者[184]。应用型高校治理变得越来越像公司和企业，其组织结构和功能在“应用型高校应该为经济目的服务”的观念背景下也逐渐被改变。政府通过鼓励应用型高校之间竞争优质生源，提升办学的效率和效果，满足学生的需求，从而倒逼应用型高校治理的有效性提高，应用型高校治理市场化程度也随之进一步加深[93]。然而，基于生源竞争的市场机制下，应用型高校起点较低，难以获得与研究型大学相当的竞争优势，在研究型大学对资源的“虹吸效应”作用下，英国应用型高校面临相当严峻的生存危机和生源挑战。

三、高校权力：从程序性自治到实质性自治

英国高等教育从“二元制”到“一元制”，政府通过对拨款、规划与评估为主的三位一体的质量评估及管理体系建立完善的监控机制，形成了由政府引导和社会团体参与共促应用型高校发展的市场治理机制，这种模式的建立增强了应用型高校的自治。美国学者贝达尔·罗伯特认为，大学自治存在着实质性自治和程序性自治两种类型，实质性自治是指“大学具有自己确立组织方向与目标和自身拟定规划的权力”，程序性自治指“大学只具备对目标的实现和规划

的落实的权力”[90]。

比较分析“二元制”时期与“一元制”时期应用型高校自治权力的变化轨迹，可以发现其改革逻辑呈现为从程序性自治到实质性自治。应用型高校实质性自治主要包括五个方面。一是自主设立管理机构，选择管理模式。应用型高校能够自主决定内部最高决策机构和主要执行人员，学术管理和行政管理机构和制度。各应用型高校的机构设置和管理制度既有一定的共性，又各具特色。因此，管理模式呈现多样化，从学校和院系、中心之间的权责划分看，主要有分散型、集中与分散结合型、集中型三种类型，各应用型高校可以因校制宜选择适合的管理模式。二是自主制定和实施发展战略。应用型高校根据本校实际，自主制定学校发展战略，包括发展目标和具体措施，并注重将中长期发展战略与年度工作计划密切结合，学校总体战略与下属各单位的发展战略、工作计划密切结合。英国各个地区的高等教育基金委员会以总额拨款形式将教学、科研资金拨付给各应用型高校，应用型高校有权自主使用。而且各应用型高校还通过多种渠道增加收入，并自主使用。各个学校因其自身发展方向、研究特色与体制特点的区别，财务收入存在巨大差异。同样，支出上也因为各校的管理体制、所属机构不同而有所差异，但基本目标都是保证收支平衡，不出现赤字，否则仅靠自身无法弥补。三是自主管理人力资源。具体体现为：自主聘任校长，英国应用型高校的校长是由学校的理事会或董事会推荐、提名、任命的；自主聘任教师和管理人员，教授与教师的任命通常由理事会的一个下属委员会提出建议，并须得到大多数教师的同意；自主决定教师和管理人员的晋升，学校制定相应的规则，据此处理人员晋升。四是自主组织教学、科研和社会服务。英国应用型高校拥有授予学位和颁发证书的权力，能够自主招收研究生和留学生，规模自定。也可自主设立新的专业，只需要经过学校决策机构审议通过；高校自主设立科研和促进成果转化机构，制定鼓励科研的政策。五是自主开展校际合作、地区合作和国际合作。英国各大学注重加强与社会的联系，普遍与当地政界、商界建立了密切关系，主动为地区经济社会发展服务，并在服务中发展自己。

具体分析"二元制"时期与"一元制"时期应用型高校与政府、社会的关系，总结归纳两个时期应用型高校自治办学权力清单的共性与差异，研究发现，应用型高校自治权力总体呈现从无到有或从弱到强的改革趋势。其中自主招生权维度释义为学校根据社会需求、办学条件和国家核定的办学规模，拟订招生方案，自主调节系科招生比例；学科设置权是学校依法自主设置和调整学科、专业的权力；校办产业权是指学校同企业事业组织、社会团体及其他社会组织在科学研究、技术开发和推广等方面进行多种形式的合作的权力；资产设备管理权和财务经费管理权是指学校对举办者提供的财产、国家财政性资助、受捐赠财产依法自主管理和使用的权力；人事聘任管理权是指学校根据实际需要和提高效能的原则，自主确定教学、科学研究、行政职能部门等内部组织机构的设置和人员配备，按照国家有关规定，评聘教师和其他专业技术人员的职务、调整津贴及工资分配的权力。从权力的大小变化来看，在以上几个维度，应用型高校自治权力得到一定的增强。经比较与分析，应用型高校自治权的扩大不仅涉及招生、学科设置、学位授予、毕业资格审定等核心权力，也涵盖校办产业、资产设备管理、机构设置和人事管理、财产管理和使用等多个方面的辅助权力的扩大(见表 3－5)。

表 3－5 "二元制"时期与"一元制"时期应用型高校自治的比较

序号	比较维度	"二元制"时期	"一元制"时期
1	自主招生权	较弱	较强
2	学位授予权	无	有
3	毕业资格审定权	无	有

续表

序号	比较维度	“二元制”时期	“一元制”时期
4	学科设置权	较弱	较强
5	校办产业权	较弱	较强
6	资产设备管理权	较弱	较强
7	财务经费管理权	较弱	较强
8	人事聘任管理权	无	有

在英国应用型高校创立、转折、深化改革发展历程中，其治理模式几经改革，随着自身与英国经济社会的不断发展变化，内外部多元利益相关者之间不断冲突、协调、整合，促进了应用型高校治理的演化与生成。

英国应用型高校治理改革轨迹如图 3－12 所示。

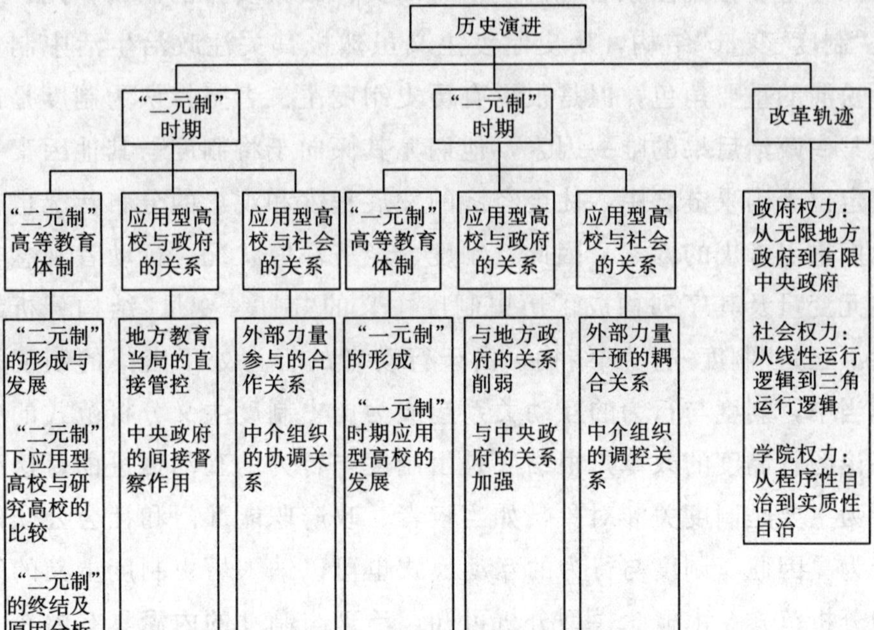

图 3－12　应用型高校治理改革轨迹

第四章　英国应用型高校治理改革：结构逻辑

从历史制度主义的结构观来看，制度改革的结构逻辑体现在三个层面：一是“背景-制度”结构，旨在寻找制度背后更具普遍意义的基本因素(制度的深层结构)，然后用这些具有普遍意义的基本因素来解释特殊的、复杂的制度现象，这种结构观受旧制度主义影响颇深，主要强调国家宏观制度情境对具体政策安排的制约作用。二是“制度-变量”结构，历史制度主义虽然极其关注政治生活中制度所扮演的重要角色，但是很少有历史制度主义者坚持认为制度是产生某一政治后果的唯一因素，他们尤其倾向于将制度与其他因素一道定位于因果链之中，社会经济的发展程度和观念的分布状况也是他们重点考虑的因素。因此，制度、经济环境状况、行动者观念等多元变量及其序列构成了历史制度主义的“制度-变量”结构分析维度。三是“制度-行为”结构，由于行动者的行为处于密集的制度矩阵当中，制度与行为的互动关系遂成为历史制度主义分析范式的中心论题。制度的改革归根结底是由制度与行为的互动推进的，这种行为主要是制度关涉对象，如当权者、政府职能部门和社会公众的行为。因此，制度与行为的互动模式也可以纳入历史制度主义的结构分析范式。由概念模型分析可知，治理与制度的内涵具有内在一致性，为以制度改革的分析方法探究治理改革奠定了方法论的合理性基础。因此，本章以历史制度主义结构逻辑观照英国应用型高校治理模式改革，从“背景-制度”结构、“制度-变量”结构和“制度-行为”结构三个维度分析其改革的结构逻辑。

第一节　“背景-制度”结构

历史制度主义认为历史环境或时代背景的不同将对相关变量产生不同作用，正是在这一传统之下，其研究较为关注相对广泛意义上的宏观历史背景[98]。在此释义下，宏观历史背景决定英国应用型高校治理的改革。历史制度主义试图解释一个现象，即一项具体制度是如何以其所发生的宏观历史背景为中介而改革的，关注的是宏观历史背景对历史选择的影响。这里的宏观历史背景，具体是指政治、经济、文化等社会整体背景。英国应用型高校治理改革的主要制度背景包括政治、经济、社会、文化、教育背景五个方面。

一、政治背景：执政党的理念倾向

英国以保守党和工党为主要执政党，不同党派代表不同阶级的利益，保守党更加倾向于资产阶级的利益，而工党更加倾向于中产阶级的利益，两个党派所代表的阶级利益和立场不同往往影响党派执政期间的政治主张和决策[59]。在该政治制度背景下，英国应用型高校的治理改革政策与执政党派的更迭和治理理念倾向密切相关。

保守党执政期间虽然支持高等教育的扩展和办学定位的转向，但是反对高等教育“二元制”的发展路径。1963 年，保守党在执政时期发布《罗宾斯报告》，提出建立“一元制”的高等教育体系，主张将应用型高校和研究型高校置于同一高等教育框架下，强调大学治理中市场竞争机制的引入和社会市场主体的参与[185]。

工党执政期间，力排保守党执政期间的保守做法，提出建立高等教育“二元制”发展路径。工党于 1964 年 10 月的大选中获得执政权，面对英国高等教育“二元制”与“一元制”的争议，工党负责高等教育的领导者认为应促进应用型高校和研究型高校的分类发展，否决了《罗宾斯报告》中所提及的“一元制”高等教育发展路线，开启了英国高等教育的“二元制”时代[186]。1966 年，教育和科学部颁布了《关于多科技术学院与其他学院的计划》白皮书，合并现有的有关学院以建立多科技术学院，并规定了其政府主导的治理模式。

保守党再次执政后推行的新公共管理运动推动了“二元制”向“一元制”的转型。20 世纪 70 年代保守党执政后，新一届政府领导人倡导新自由主义思想，推行新公共管理运动，提出在高等教育系统中推行以市场调节为主要特征的教育改革，从此改变了英国应用型高校以地方教育当局为中心的传统科层治理模式[187]。应用型高校被引导进入由中央政府掌控的教育市场中，通过自由竞争获得发展空间和办学资源[167]。应用型高校治理随之发生了新的变革。1979 年，保守党再次执政后，将新公共管理理念引入高等教育领域，将英国高等教育的“二元制”逐步转变为“一元制”，应用型高校与研究型高校置于同一高等教育框架下。应用型高校为了增强其在高等教育市场中的竞争力，逐渐开启以市场为导向的治理模式变革。20 世纪 90 年代后，英国首相布莱尔提出建立既强调市场功能又强调政府作用的混合经济模式，并被引入高等教育管理，应用型高校与政府、市场的关系又经历新的调整[188]。1997—2010 年工党执政期间，继承了保守党执政时期的治理理念[189]，由此，应用型高校的市场导向治理模式得到初步发展。2010 年之后，保守党再次执政。2012 年，保守党政府取消了对大学招生学生人数的限制，将学生视为教育服务消费者[190]，加剧了高校之间基于生源的市场竞争，并通过资助体系应对市场的局限性，至此，英国应用型高校治理的市场导向进一步明显。

由此可见，在英国应用型高校治理模式的变革历程中，工党和保守党的更迭及其执政理念倾向是应用型高校治理改革路径选择中不可忽视的政治背景因素。应用型高校作为英国高等教育体系中具有上层建筑和生产力双重属性的一个重要组成部分，政治因素对其生存与发展有着决定性意义。也就是说，特定时期的应用型高校治理具有特定的政治色彩，需要依赖政府或政治集团的支持才能更好地发展。应用型高校的发展离不开政治集团首脑的重视和支持。政治首脑往往是国家和政府的最高权威，自然对高等教育具有举足轻重的影响。

二、经济背景：经济危机与公共财政匮乏

20 世纪五六十年代英国经济处于平稳发展时期，主要特点是经济持续缓慢增长，失业率低，物质丰富，人民消费水平不断提高。20 世纪 70 年代经济滞胀，英国在所有发达资本主义国家中始终保持最低的经济增长率、最高的通货膨胀率和最高的贸易赤字。英国国民经济发展水平相比欧洲其他发达国家开始降低，整个社会的可用资源极为匮乏[191]。在此条件下，为确保国家平稳过渡与发展，政府集中控制和计划安排有限的社会资源也就成为客观选择。资源投入是应用型高校发展的前提和基础，因此，在经济发展水平低下的情况下，政府对包括应用型高校所需资源在内的各类社会资源的控制客观上推进了科层模式应用型高校治理样态的形成。

20 世纪 80 年代，英国社会经济发展虽逐渐好转，但规模不断扩张的教育事业加剧了教育部门的财政压力，使得政府必然寻求教育部门以外的资源供给力量，依靠行业部门和企业参与应用型高等教育治理来满足经济建设的需求[192]。此后，市场和社会要素不断壮大，为适应这一发展形势，英国政府逐步理顺政企关系，推动职能转变，客观上影响了应用型高校治理的改革。

进入 21 世纪，英国国民经济逐渐好转，可用的社会资源更为充裕，但规模持续扩大的高等教育对资源的需求也相应增加[193]，但

国民经济发展所能提供给高等教育发展的资源相较于高等教育发展所需的资源又显得很有限。因此，在此期间，转变政府教育管理职能、落实和扩大应用型高校的办学自主权其实也隐含着国家公共财政匮乏的信号。

三、社会背景：自组织治理的兴起与成熟

一般来说，组织是指系统内的有序结构或这种有序结构的形成过程。从组织的进化形式来看，可以分为他组织和自组织[194]。如果一个系统靠外部指令而形成组织，就是他组织；如果不存在外部指令，系统按照相互默契的某种规则，各尽其责而又协调地自动地形成有序结构，就是自组织。自组织理论认为，经自动演化而形成有序的结构，即为自组织。自组织现象无论在自然界还是在人类社会中都普遍存在[195]。一个系统自组织功能越强，其保持和产生新功能的能力也就越强。英国的自组织起源与发展和新公共管理运动相伴而生，由于经济社会复杂性的进一步加剧，组织内部和组织之间的互联互动日益频繁，政府在公共管理中所面临的挑战越来越大，政府主导模式在公共治理中逐渐丧失其优越性[196]。于是，以协调合作为核心机制的自组织治理逐渐兴起。为减少政府的公共责任，提高治理的有效性，政府将一些公共管理职能让渡于自组织，自组织在参与公共管理的活动中获得自我强化，并逐步扩散至公共管理的各个领域，自组织的兴起为应用型高校治理向市场导向模式转变提供了社会基础。

由此可见，应用型高校治理改革的社会基础源于其对于自组织治理的认可与肯定。《1992 年继续教育和高等教育法》明确规定校外人员必须在新成立的高校治理机构中占多数。对于升格为新大学的应用型高校，该法案规定其理事会成员应该为 12～24 人，校外独立理事可多达 13 人，也就是说，这些人对于工业、商业或其他专业方

面事务有经验和能力，这些人不能是大学教职员工、学生或地方政府成员[155]。以大学基金委员会、多科技术学院及其他学院基金委员会、高等教育基金委员会为代表的中介组织作为政府代理机构承担了部分公共治理的责任[197]，中介组织因其独立于政府和应用型高校单独运作，发挥了应用型高校和政府之间缓冲器的重要作用，这也体现出社会对自组织治理的认可。

四、文化背景：新自由主义的思想基因

新自由主义思想催化新公共管理运动的生成。20世纪70年代初期爆发的两次石油危机，导致整个世界陷入了滞胀(即高通胀、高失业、低经济增长)的困境[198]。滞胀是由技术进步使生产率提高，资本追求剩余价值(利润)最大化导致失业增加，经济过度开发导致能源极度短缺和成本迅速上升，政府过度干预导致政府膨胀、政府开支增加、企业税赋加重等多种原因所致[199]。新自由主义将其归结为国家干预过度、政府开支过大导致政府政策失灵所致。新自由主义反对国家福利，强调市场机制，其理论构成主要包括四个部分，即经济新自由主义、公共选择学、货币主义以及供给学派经济学[200]。在新自由主义思想的冲击下，新公共管理运动应运而生。新公共管理理论主张在政府公共部门采用私营部门成功的管理方法和市场竞争机制。重视公共服务效率，强调政府与公民社会的协商与合作，强调政府低成本运作，强调公共服务的质量和最终结果，强调顾客第一和消费者权利，强调政府职能简化、组织结构去科层化，强调绩效、问责、竞争的新公共管理运动逐渐兴起，并借由国家政策迅速介入高等教育治理领域[201]。

在新公共管理运动的影响下，英国高等教育治理结构发生了巨大的变革。基于新公共管理的理论思想，政府将新自由主义思想极力倡导的市场竞争机制引入高等教育领域[202]。政府通过削减财政

拨款和建立高等教育基金委员会，力求从宏观管理层面对高校进行干预和控制，为适应新的变革，大学内部的管理方式也受到相应的影响，开始讲求专业化的管理，具有商业背景的管理者开始进入大学，学者们的管理权限集中于学术事务上，学术与行政的权责划分更加明确。

《1992年继续教育和高等教育法》颁布施行之后，英国政府对应用型高校的治理手段由全面干预转为间接管控，一方面，引入目标管理，减少过程控制，使得高校自治权有所增加，并鼓励具有商业管理背景的人才进入管理者团队，提升高校治理的专业性[52]；另一方面，强化评估监督的作用，引入绩效经费制度，加强对治理有效性的问责[201]。然而，在新自由主义思潮的冲击下，英国高等教育治理市场化导向的变革也为应用型高校带来了诸多负面效应，如学术人员的权力被弱化，处于弱势的应用型高校在市场竞争中面临严重的资源危机和生存挑战等。随着市场化程度的加深，社会多元参与的理念与政府本位的理念共生并存，两者之间变化的张力成为推动应用型高校治理改革的重要动力。强调多元参与的治理理念在公共行政领域的渗透和扩散，以及“服务型政府建设”的提出等均促使政府行政理念逐渐以民本位、社会本位、权利本位为核心和关键[200]，进而也就为科层模式的应用型高校治理向市场模式的转变提供了新的价值依据。

五、教育背景：高等教育的自治传统

英国高等教育自诞生之日起就形成了自治的传统。《罗宾斯报告》明确表示：“大学和个人的自由在自由社会是必不可少的。学术自由的传统深深根植于英国的整个历史。我们相信这种自由是大学效率最大化和适当发展的必要条件，实际上对学术自由的破坏将有损大学的效率，无助于它们的发展。”[203]英国高等教育的自治传统为应用型高校治理改革提供了实践先驱。

英国高等教育的自治历史最早可以追溯到学者行会的成立，在中世纪自治城市和自治行会兴起的背景下，学者们模仿商业行会组织的形式成立了学者行会，这是英国高等教育自治的早期形态[204]。在此时期内，英国大学主要为牛津大学和剑桥大学，两所大学倡导高度的学术自由和自治理念，为大学自治提供了早期的思想基础[205]。这一时期的大学，享有完全意义上的大学自治权，政府几乎不干涉大学，大学在象牙塔中自由地追求知识和学问[206]。但是，随着社会的发展，大学受到外部各种因素的影响越来越大，其自治受到一定的侵蚀。

随着社会的发展，英国高校与社会、劳动力市场以及国家经济发展的联系越来越紧密，加上财政上越来越依赖政府拨款，高校不得不接受一定的国家管理和控制[207]。20世纪60年代，高等教育的规模越来越大，对高等教育的经费投入也越来越大。英国政府没办法打破高校的自治，但是也希望高校能为国家和地方的发展起到更大的促进作用。于是在1965年提出高等教育"二元制"，目的在于使国家一方面尊重了传统研究型高校的自治，另一方面又能一定程度上控制高等教育。"二元制"即大学是自治团体，不受国家过多的干预，而应用型高校和教育学院却是"公立的"，接受教育和科学部以及地方教育当局的管理。虽然这一时期，高校受到来自外部的压力，但内部管理中，高校仍然有非常大的自治权。在保护高校自治的同时，政府开始涉入一部分高等教育领域，以便引导高等教育更好地服务社会。应用型高校主要是培养社会急需的应用型人才，对学术追求相对较少，而对市场的需求及变化需要及时掌握，因此，国家加大对这类高等教育的监管便成了理所当然。在高等教育自治传统的影响下，应用型高校管理层强烈呼吁扩大自治权，希望取得与研究型高校同样程度的自治。

第二节 “制度-变量”结构

英国应用型高校治理改革不仅深受政治、经济和文化等宏观层面的历史要素影响，亦是中观层面政府、社会和应用型高校三个主体之间互动的结果。根据历史制度主义的制度结构分析法，对各种变量进行系统分解，探寻相关变量之间的逻辑互动关系。英国应用型高校改革涉及中央与地方政府、市场、高校等多重关系，其实质是权利关系。从应用型高校治理改革的推动主体来看，治理改革主要涉及政府、社会和应用型高校三个变量。因此，基于历史制度主义的制度结构分析法，构建“政府-社会-应用型高校”变量分析框架，结合应用型高校治理的改革过程，探究政府的政策引领、社会中介组织的一体化以及应用型高校自身发展的内在逻辑三个变量是如何形塑应用型高校治理改革的动力基础与结构逻辑的。

一、政府的政策引领

政府作为应用型高校治理的具体设计者和构建者，在有关政府与应用型高校权责结构的行政决策中，一般也会通过召开专家咨询会、委托项目课题等方式来提高行政决策的可行性和针对性，以确保其对应用型高校的治理具有科学性和可操作性。政府的能动性对应用型高校治理改革方式选择产生了极大的影响。政府作为应用型高校治理改革重要的变量之一，政策性工具是政府在应用型高校治理改革中的主要作用手段。政府通过对自身利益的理性计算，开发设计出利于实现政府既定目标的政策性治理工具[172]，从而在应用型高校的治理改革中发挥作用。

(一)政府的理性算计

政府对应用型高校治理的构建和改革有重要影响和关键作用。

应用型高校由不同目标的行动者联系于具有流动性的模糊的权力关系中，形成复杂组织，组织内经历专业训练的具有较高自主权的个体间存在冲突[208]。在一定的历史和环境条件下，行动者在改革路径的选择中往往有一定的倾向性和主观性，行动者的抉择是各系统存在差异的主导因素。历史制度主义认为，推动改革的行动者具有有限理性，并非知道所有信息的理性最大化者，而在更大程度上遵循着“满意为止”的规则。制度改革的动力本质在于行动者认为新制度比旧制度更具效益或更符合新环境的需求[209]。制度改革的动力来源于具有主观能动性的行动者基于“成本-收益”经济计算，当行动者可以通过制度改革获得收益或避免损失时，就有动力推动新旧制度的变革[210]。政府组织作为应用型高校治理的行动参与主体亦是如此。政府的理性算计在于英国应用型高校治理改革有利于政府财政压力的减轻和治理效率的提升。

一方面，应用型高校治理改革有助于中央财政压力的减轻。20 世纪 60 年代后半期英国经济陷入困顿，已无法承担增设新大学所需的巨额投资。按照《罗宾斯报告》的实施计划，建立“一元制”的高等教育体制，通过新建大学和将高级技术学院纳入大学系统的方式扩充大学机构，大学是主要的扩招院校，大学与高级技术学院之间的招生比例是 77∶23；国家将增大资金投入，但资金的紧缺与对大学的资金投入成为新的矛盾，而“二元制”实施之后这个比例变成 58∶42，以应用型高校为主体的非大学高等教育机构承担了更多的招生任务。非大学系统的主要经费来自地方政府，由地方政府投资建立和管理应用型高校，不仅可以发挥地方政府和企业的作用，有效利用地方资源，而且减少了中央政府沉重的经费负担。并且，应用型高校培养学生的费用比大学低。1973 年，英国每个大学生平均花费为 660 英镑，每个应用型高校学生为 477 英镑，每个教育学院学生为 255 英镑[17]。促进高等教育民主化和大众化，以低成本实现高等教育的扩招，建立地方政府管理的应用型高校成为中央政府的选择。

另一方面，应用型高校治理改革有利于治理效率和公共资源配置的提升。“二元制”时期，出于经济的理性算计，撒切尔政府倡导有限政府和有限责任的公共管理理念[187]。通过建立高等教育治理市场化模式，促进社会多主体参与应用型高校治理和办学，不仅可以大幅度降低办学成本，减少公共部门的劳动力，还可以通过市场竞争促进应用型高校办学效率和效果的提升。鼓励社会参与应用型高校的治理可以使应用型高校制订更加符合自身需求的人才培养目标和方案，提高人才需求和供给的契合度，同时也降低了企业的人力资源投入成本。“二元制”高等教育体制下，应用型高校治理改革本质上是应用型高校办学自主权变化的过程，而办学自主权的变化又取决于政府职能的转变。简言之，政府管理职能的转变在根本上决定着应用型高校治理的安排。随着市场模式在公共管理领域的兴起、发展与成熟，应用型高校的治理模式在政府职能的转变下逐渐市场化。在“一元制”阶段，科层模式的应用型高校治理的合法性基础被深度消解，以多元参与和相互制衡为内核的市场模式应用型高校治理逐步构建和完善。

(二)政策工具的应用

政府治理依赖于政策工具的恰当使用。政策工具又被称为治理工具或政府工具。关于政策工具的实质有以下三种观点：一是以豪利特和拉米什为代表的手段论，认为政策工具是政府推行行政、解决问题、实现目标的手段[211]，我国学者陈振明也提出“政策工具是政府实现管理职能的一种手段和方法”；二是以林格林为代表的活动论，认为政策工具是一系列具有类似特点的政策活动，它们致力于影响和治理社会进程；三是以欧文·休斯为代表的政策工具机制论，持此观点的学者认为政府工具是政府的行为方式，是政府将其政策目标转化为具体行动的路途和机制，是政策目标与政策结果之间的桥梁[212]。政策工具的选择与有效协同是应用型高校治理改革的关键。观测政策工具的改革是理解、评估和探究应用型高校治理改革政府要素的切入点。英国教育类政策文本是分层次的，层次不同，适用范围和法律效力也不相同。教育法规按适用范围和法律效力的大小，可分为教育法，教育方面其他法律和其他法律中的教育条款，教育行政法规和规章，地方性教育法规和规章[213]。政策文本往往直接影响高校治理的演化与生成。

法定权能奠定政府在应用型高校治理中的权力基础。20 世纪 80 年代以来，英国政府将高等教育视作一个监管市场，而政府是这一市场的监管者。为了使这一市场有效发挥作用，政府需要确定清晰的职能与责任规范。“一元制”时期政府开始全面划定高等教育治理机构的权责，通过 1988 年《教育改革法》、《1992 年继续教育与高等教育法》、2004 年《高等教育法》及 2017 年《高等教育与科研法案》等一系列法律，政府陆续将相关权限赋予主管应用型高校的行政部门，并扩大科技创新行政部门的科研管理权限，明确行政部门附属机构的权责。由此，应用型高校治理机构的各项职能都有法定权限作为基础。

以 1944—2020 年为检索时间节点，对英国应用型高校治理政策文本进行初步筛选，合计 25 份。为提高所选政策文本与“应用型高校治理”的相关性和准确性，通过人工筛选比对后共获取有效政策文本 12 份(见表 4-1)。通过对政策文本的解读，可以发现在推进应用型高校治理改革的过程中，国家颁布的一系列配套政策规则构建了正式的制度，这些制度对相关行动者都构成了一种约束。当行动者以现行的制度和政策为基础时，他们从已确立的安排中退出的成本在急剧提高。推动应用型高校治理改革的一系列法律、法规、规章和制度相互交错，形成政策工具矩阵，报酬递增效应明显，退出现有制度的成本不断上扬。这就意味着改变应用型高校治理改革的轨迹必然涉及一系列相关制度的变革，其变革的成本高昂，难度也随之增加。

表 4-1　相关政策文件及内容要点

时间	政策文件	内容要点
1944	《教育法》	包括技术教育在内的继续教育是公共教育系统的一部分，由地方教育当局负责管理
1963	《罗宾斯报告》	主张扩大已有大学招生名额，建立新大学，以便为更多人提供教育机会
1966	《关于多科技术学院与其他学院的计划》	对现有的一些独立学院进行整合，成立若干多科技术学院
1985	《贾纳特报告》	认为市场资源与大学的紧密联系、社会主体的广泛参与以及政府与大学间合作伙伴关系的形成是未来大学发展过程中最显著的特征
1987	《高等教育：应付挑战》	指出多科技术学院建立的20多年里，在英国高等教育尤其是技术领域起着独特的越来越重要的作用，认为多科技术学院不宜再由地方当局管辖；宣布了英国大学拨款委员会的终结
1988	《教育改革法》	建议废除已实施了20余年的高等教育“二元制”。大学基金委员会取代了大学拨款委员会，创建了基金委员会治理模式
1991	《高等教育：一个新的框架》	建立单一的高等教育框架、统一的拨款结构。通过引进竞争机制促进所有高校为社会经济发展服务和提高办学水平
1992	《继续教育和高等教育法》	正式废除高等教育“二元制”，将多科技术学院升格为新大学，撤销国家学位授予委员会，改革高校拨款制度等

续表

时间	政策文件	内容要点
1997	《迪尔英报告》	对未来 20 年英国高等教育发展的战略和框架提出了全面建议。报告认为高校与社会各种利益相关者之间应建立积极的伙伴关系，积极参与区域社会进步与经济发展，强化了市场与社会参与高校治理的理念
2003	《兰伯特报告》	进一步将市场和社会引入高校内部治理的微观层面，强调英国高校内部由学者和行政人员构成的管理团队应清晰地界定和分配相应的权利和责任
2014 2018 2020	《高等教育治理守则》	提出七条高等教育治理核心守则，认为良好的治理需要在高等教育管理机构、董事会成员、校长和高级管理团队之间保持一种基于相互尊重、信任和诚实的稳定合作关系
2017	《高等教育与研究法》	建立两个新的高等教育监管机构——学生事务办公室和英国研究与创新单位，扩大高等教育机构的市场准入范畴，规范高等教育部门的市场竞争机制等，通过一系列有关国家监管和市场化的改革措施，激发英国高等教育机构的活力

二、社会中介组织的一体化

中介协调模式下的英国应用型高校与社会的关系被认为是有效处理应用型高校既接受政府资助并适应政府有关需要，又享有充分自治的成功范例，社会中介组织作为一支独立的治理力量，为英国高等教育组织的治理注入了新的活力。经费拨款机构作为应用型高校与政府之间的中介组织是社会参与应用型高校治理的主要社会力量，因此，中介组织的变革是应用型高校治理改革的重要动因。探讨英国高等教育经费拨款机构组织的变革对于理解应用型高校治理的改革具有重要的意义。

中介组织首先是一个协调机构，建立在咨询性权力、实际调整权力和法定调整权力基础上[214]。英国大学历来有自治和自由的传统，对于来自政府的干预有一种本能的抗阻。为减少摩擦，协调应用型高校与政府的关系，就需要设立缓冲机构(图 4-1)，主要目的是缓和政府与学校之间的矛盾，主要指参与政府教育决策和各级各类管理教育运行活动的教育审议会、基金会、咨询会、评议会、考试委员会、资格与证书鉴定委员会、学校董事会和家长委员会等社会中介性机构。

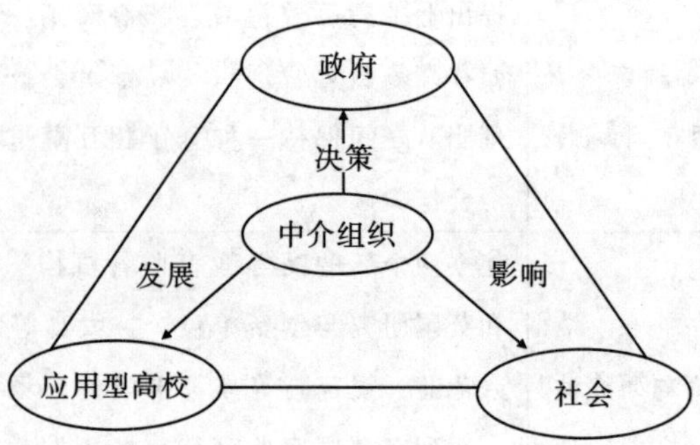

图4-1　中介组织与政府、社会、应用型高校的关系

20 世纪 60 年代，英国教育和科学部新设置的教育中介机构有学校课程和考试委员会、全国公立高等教育咨询委员会、函授学院鉴定委员会等[215]。这些机构的活动是英国社会参与教育管理的主要形式。作为政府、学校及社会之间相互协调、相互制约的中介，它们与政府和学校系统一起，各司其职，形成统一的管理合力，构成教育管理的有机整体。

20 世纪 70 年代应用型高校的大发展引出一个问题：它缺乏一个类似大学拨款委员会这样的机构来协调各校活动。根据 1988 年《教育改革法》，1989 年 4 月 1 日多科技术学院及其他学院基金委员会成立，作为独立的法人团体管理应用型高校资金事务。应用型高校发展后期向研究型高校进行“学术漂移”的倾向越来越明显，基于对应用型高校为国家经济、社会发展所做贡献的肯定，以及对经济危机财政紧缩时期出现的中央和地方两种高等教育经费无法协调问题的考虑，中央政府决定将应用型高校的控制权由地方收归中央，并将其更名为大学。1993 年 4 月 1 日高等教育基金委员会作为唯一的经费拨款机构代替大学基金委员会和多科技术学院及其他学院基金委员会[155]，形成新的经费拨款机构运行机制。然而，由于经济危机的影响，英国政府不得不削减教育支出，2012—2016 年高等教育拨款减少了 40%。2016—2017 年，英格兰高等教育基金委员会为 130 所高校提供了拨款，然而其中 90 所高校获得的拨款占其收入的比例不足 15%[216]。政府拨款的削减及其在英国高校收入中比重的下降使高等教育基金委员会难以通过拨款引导高校的发展。高等教育基金委员会作为拨款机构虽仍担负应用型高校监管职责，但中介地位基本消失，逐渐成为中央政府部门的执行机构。

2018 年，学生事务办公室成立，旨在维护学生利益，确保学生作为高等教育消费者的每一笔投入都物有所值。然而，这看似有百利而无一害的监管机构却并未赢得英国高校的赞扬与支持。一些英国公众和高等教育管理者认为，学生事务办公室仅仅以“为学生服务”为名，借助单一的高等教育管理机制，希望操控学生为自己投票、发声。

综上分析，应用型高校的拨款机构从地方政府、多科技术学院及其他学院基金委员会、高等教育基金委员会到学生事务办公室的改革(见图 4－2)，体现了英国政府对应用型高校集权控制逐步加强的过程，亦是一个中央政府的权力在应用型高校治理中日益加强的过程。由于高等院校的改革需要投入大量的人力、物力和财力，这也决定了高等教育改革必须有掌握财政权的政府支持和介入，否则便难以成功。政府的大量介入就导致对不同中介组织机构使用相同制度环境的结果，在相同制度环境下，中介组织的行为模式必然走向统一。中介组织一体化的一个突出表现是把高校的财政拨款运行程序以及其他有关项目都整合在同一个机构之内。中介组织机构职能在一定程度上导致了英国研究型高校与应用型高校的趋同。

图 4－2　英国应用型高校中介组织的改革历程

三、应用型高校发展的内在逻辑

高等院校的发展要遵循高等教育的内在逻辑，布鲁贝克认为“心智的培养、以事实和逻辑证据为基础的客观性、说理的法则而不是权力的法则、广阔的个人自由幅度”[217]是大学的四条不成文法，传授与研究高深学问、追求至上真理是大学的内在逻辑。他认为高等院校的分层分类发展源于内外部两种力量：一种是根据外部的规定性，即政府的规定；另一种是内部选择的结果，高校根据自身的科研水平、师资力量等进行自主选择。英国应用型高校在刚建立时，师资力量、办学设施等都比较薄弱，学生类型多样，全日制学生、本科生相对较少，因而比较快捷地培养职业技能型人才、为社会上的员工提供职业培训成为当初较好的选择。但随着英国应用型高校师资水平的提高、办学实力的增强，以及应用型高校在“一元制”时期具有了学位授予权，遵循高等教育的内在逻辑升格为新大学甚至朝着世界一流大学发展成为一种发展的趋势与必然的选择。在此基础上，一方面，英国应用型高校的“学术漂移”使得其发展路径和治理模式与研究型高校呈现同质化现象，另一方面，应用型高校在“一元制”高等教育体制下通过扬长避短、错位发展以适应竞争日益激烈的高等教育市场机制。可见，趋同逻辑和自适应逻辑是应用型高校治理改革的内在需要和逻辑起点。

(一)趋同逻辑

应用型高校是围绕技术知识的探求、传递和应用而建立的应用型高等教育组织。组织指的是“结构性和整体性的活动，即在相互依存的关系中人们的共同工作或协作”[218]。根据组织理论，大学组织内部的结构要素与外部环境诸要素作用直接相关[219]。组织的内在逻辑与相应的制度密切相连，是制度的载体和化身，反过来组织也要依靠制度来支撑和维系。经济学中的效率规则表明，各个组织的内部结构随其组织目标、任务、技术和环境条件不同而不同，各组织是不应该出现组织的趋同现象的。但是随着全球化进程的展开，虽然英国应用型高校和研究型高校两类组织结构不同，但实际上二者治理结构逐渐趋同，以至于1992年形成“一元制”体系，并入统一的高等教育治理框架中，这一现象侧面反映出组合场域和制度环境的趋同性。本书试图借用组织社会学制度学派的理论来分析解释，为什么应用型高校与研究型高校形成趋同化发展。

任何一个组织必须适应环境才能生存，强调一个自上而下的制度化过程以及一个大的制度环境的重要性，制度环境影响了人们和组织的行为模式。迈耶和罗恩从组织社会学制度学派角度解释制度的趋同性时，认为必须从组织环境的角度去研究和认识各种各样的组织治理行为，去解释各种各样的组织改革现象。英国研究型高校与应用型高校治理组织处于相同的制度环境中的现实必然导致这两种组织朝一个方向发展。近些年来，英国中央政府和地方政府通过提供财政支持使其权力越来越深入高等院校内部，使得各高等院校不得不接受政府制定的整套规章制度。英国颁布的高等教育政策几乎都是面向整个国家的所有高等教育组织机构。1985年政府发布《20世纪90年代英国高等教育的发展》白皮书，规定高等院校必须关心其对于社会的态度，特别是对工商业的态度，要注意提防轻视经商的势利观念；走出校门，加强与工商业的联系；与地方社团建立牢固的联系[220]。政府明确表明无论研究型高校还是应用型高校都要提高适应未来变化所需要的灵活性，要服务社会。1988年取消地方政府的控制以后，制度环境更加导致应用型高校与研究型高校治理趋同的现象，导致应用型高校与研究型高校在同时适应同一制度环境，表现出相同的行为——在相同的环境里，治理结构和治理行为会表现出趋同性。由于应用型高校不是纯企业化的组织，不能仅仅以经济学的效率规则来理解。学校组织绝对不仅仅是技术需要的产物，更是制度环境的产物。当英国政府通过拨款机制给研究型高校和应用型高校提供资源的时候，必然要提出各种制度化的要求。而各高等院校接受政府财政支持的条件是必须符合政府制定的所有法律，比如，必须提出完整的财务报告，根据招生数量申请经费等。

作为一种组织，应用型高校与研究型高校同时生存在相同的制度环境中，必然是制度化的组织，必然遵循相同的治理行为模式。制度化的过程是一个不断把制度环境强加于应用型高校之上的过程。为了获得制度环境认同，研究型高校与应用型高校治理都采用类似的结构和做法，因为所有英国高等院校所处的大环境是一样的。同时，各高等教育机构组织之间也在相互模仿学习，这些模仿行为减轻了高等院校组织内部的动荡，因为它扎根在制度环境里，有合法性，不容易受环境的冲击，即制度合法性本身提高了高等院校组织的生存能力[219]。这就导致英国应用型高校与研究型高校治理模式和发展路径的趋同现象。

(二)自适应逻辑

是什么驱使英国应用型高校治理组织的演化与生成？可以用迪

玛奇奥和鲍威尔的组织场来理解应用型高校治理改革的自适应逻辑。迪玛奇奥和鲍威尔的基本理论思路与迈耶和罗恩是一样的：自适应现象起源于组织面临的制度化环境[221]。但是他们更多强调的是组织场的层次，即组织之间的网络关系、组织之间的相互依赖性甚至组织内部的运行机制。迪玛奇奥和鲍威尔指出，历史上组织的产生与理性的选择和效率机制关系非常大，强迫、理念和收益三个机制生成了组织治理结构和治理行为的自适应性。下面以这三个机制解释应用型高校治理改革的自适应逻辑。

1. 强迫机制

强迫机制是指国家法律制度。在同一制度环境下的组织都必须遵守政府制定的法律，不然就会受到惩罚。应用型高校属英国教育和科学部管辖，遵守政府颁布的法律和法规。比如，1981 年撒切尔政府要求缩减经费，大学拨款委员会当时决定经费的删减必须伴随学生人数的降低，这是一个现在仍然被认为是错误的决议[47]，但是，当时各学校还是要执行此政策。

2. 理念机制

理念机制是指一些观念、思维方式对组织结构和行为的影响。英国高等教育历史形成了整个教育领域都共同分享的一些固定观念，比如追求真理、学术自由、大学自治。在此理念下，应用型高校对地方政府的过多干预产生极大的不满，抱怨“教育部门把我们当作小学来管理，学校设施设备的日常维修都需要政府部门的审批”[222]，对于自治的渴望使得应用型高校管理者迫切希望脱离政治的直接管控，加强应用型高校自治的权力。

3. 收益机制

收益机制是指在一定的社会规章制度下，组织为了自身利益的最大化和内在需要的满足，采取一定的举措和手段保障组织在改革中受益。应用型高校治理由科层模式转向市场模式后，应用型高校的自治权得到一定的扩大，资金来源渠道更加多元，社会多主体的参与使得学校的人力资本投入降低，组织收益在一定程度上推动了改革的发生。

综上分析，应用型高校作为一个自组织，本身具有主观能动性，能够采取一定的行动影响外部环境，应用型高校的治理改革要遵循自身发展的内在逻辑。同时，应用型高校作为一个资源依赖型的组织，其发展受到政治、经济、文化等外部环境的诸多影响。英国应用型高校的治理模式改革源于政府的宏观调控和应用型高校的自主选择。

第三节 “制度-行为”结构

行动者嵌入制度结构中受到制度约束，同时也通过自身的理念和行为反作用于制度体系，行动者不是单独存在的，而是制度体系的重要组成部分[223]。制度通过共同的规范、价值、观念对成员施加影响，其成员可以通过制度降低交易成本、提升行动效率，也可以通过不同方式适应乃至反作用于制度，从而推动制度的改革[44]。行动者与制度互动推进应用型高校治理的改革。应用型高校治理关涉中央政府、地方政府、应用型高校、社会主体等行动者，各行动者之间是复杂的互联互动关系。

一、制度对行动者选择的塑造

制度的产生和改革会限制行为主体(行动者)的行动选择，也会塑造其行动偏好，进而造成行为主体与作用对象之间权力的非对称性。

第一，制度塑造行动者的利益界定。制度塑造政治行动者追求特定目标的方式和在政治行动者中构造结构性权力关系的方式。应用型高校治理划定了中央政府、地方政府、应用型高校不同行为主体在治理中的利益范围，各行为主体根据制度规则或行动方案判断各自的利益取向。就算计路径而言，应用型高校治理的产生划定了政府部门和行业企业的利益范围，在既定的制度规则之下，基于自身利益的考量，政府希望维护权威统治，努力充当管理者角色，掌握政策制定、结果评判的控制权；行业企业则希望获得政府和社会支持，提高人才培养质量，提高企业效益。随着应用型高校治理向市场模式改革，应用型高校行为主体在市场模式下，随着社会主体参与治理权力的扩大，各行为主体会根据新的模式生成与演化重新算计各自的利益得失，从而形成新的行为主体的选择范围。

第二，制度塑造行动者的理性和偏好。制度选择能够塑造人们的观念、态度甚至偏好，进而对行动者的行为产生动力作用。长期高度集权的政治体制使得按照指令行事、服从政策安排成为行为主体的思维模式和价值选择。基于信任和依赖，行为主体的大局服从观推动了制度的改革。应用型高校治理改革限制应用型高校行为的范围和选择，即行为主体的主观能动性发挥一般难以突破社会背景的基础和变量的作用，由此形塑了应用型高校治理改革行为范围和偏好。每一阶段治理模式的实践与运行，其价值取向和核心原则会渗透到应用型高校内部和外部，行为主体通过自觉调整自身行为偏好与选择来符合治理的改革趋向。

第三，制度产生行动者权力的非对称性。由于制度具有权力配置作用，政治权威往往分配给特定的行动者，中央政府及相关部委掌握了应用型高校资源的控制权，继而采取自上而下的方式对应用型高校资源进行重新配置[224]。因此，自应用型高校创立以来，应用型高校在不同阶段的政府与应用型高校权责结构非对称下，均有不同的行为范围和选择。因为，作为一种制度形式的应用型高校治理，本质上是对应用型高校办学权在政府与应用型高校之间如何分配的一种规制。在1992年以前，以科层模式为主要特征的应用型高校治理框定了地方政府和应用型高校作为主要行动者的行为范围与行动目标。

二、行动者对治理改革方式的选择

制度改革不仅是外部因素的作用，还是行为主体不断选择性地调整和创新制度的过程[225]。历史制度主义认为，制度给予了某些集团或个人更多的接近决策过程的机会，强调权力和权力游戏中的非对称关系，“不倾向于强调某一结果使人都变得更好的程度，更倾向于强调某些集团的失利和其他集团的胜出”[226]。在应用型高校治理改革的现实语境下，不同阶段均有行为主体的行为反过来促使应用型高校治理改革的现象。“二元制”到“一元制”时期应用型高校治理的改革，正是制度给予了某些集体行动者和个体行动者接近或参与治理决策过程更多的机会。

(一)集体行动者

从英国应用型高校治理改革的实践来看，集体行动者包括中央政府、地方政府、应用型高校、社会，其改革受包括政府、应用型高校和社会市场主体的经济利益理性算计影响。一是政府。应用型高校治理改革的经济利益因素具体表现为政府财政压力的减轻。出于政府的理性算计，建立高等教育治理市场化模式不仅可以大幅度降低办学成本，而且减少了公共部门的劳动力，促进了应用型高校的办学效率和效果的提升。二是社会。社会作为参与应用型高校治理的另一重要行为主体，既是制度的执行者，又是潜在的制度供给者，在应用型高校的市场模式治理改革中，根据自身利益需求积极推动应用型高校治理进一步走向市场化改革。经参与主体的理性算计，参与应用型高校的治理使得人才需求和供给的契合度更高，降低了企业的人力资源投入成本。三是应用型高校。应用型高校作为治理改革的直接作用对象，在治理改革中具有很大的能动性，是制度供给的主体。在应用型高校科层模式治理阶段，应用型高校是治理改革方式的主要行为主体，出于扩大自治权的目的，应用型高校管理层人员大力倡导推动治理模式变革。经管理者的理性算计，转向市场模式后，应用型高校的自治权扩大、资源获取渠道拓宽、人力资本投入降低。

集体行动的过程通常具有回报递增的特点，在应用型高校治理改革过程中，中央政府处于绝对主导地位，决策实施应用型高校治理改革，并由教育和科学部、财政部等其他部委，地方政府部门以及相关政策咨询机构等行动群体规划制度设计。由于集体行动涉及较高的初始成本，牵涉的利益群体众多，这种集体行动的主导作用使得变革现行的制度难度很大，所以制度具有强烈的持续下去的倾向。

(二)个体行动者

政治权威的支持对整体推进应用型高校治理改革起到极大的保障作用。在应用型高校治理改革中，托比·韦弗、安东尼·克劳斯兰德和玛格丽特·撒切尔作为权威个体行动者发挥了重要作用。

托比·韦弗是英国高等教育“二元制”时期应用型高校科层治理模式形成的关键行动者。英国应用型高校的政府主导模式源于“二元制”高等教育体制的确立，而“二元制”得以实施，托比·韦弗是主要的推动者。托比·韦弗 1963 年 6 月任教育和科学部副部长，分管高等教育。托比·韦弗认为高等教育的“同一系统将导致高级的技术学院拥有更加低级的地位，将使‘大学’和‘非大学’学院之间的区别更加明显”，而高等教育“二元制”将可以克服大学与技术学院、教育学院之间的层次和等级差别[46]。技术学院和教育学院将“致力于其最重要的任务，即变成综合性的组织以为更广泛的学生服务和满足不断增长的工业需要”[49]。托比·韦弗二元哲学的实质是为应用型高校建立另一套管理体系，建立特殊的人才培养模式，加强这些应用型高校与地方的融合。

安东尼·克劳斯兰德是“二元制”时期英国应用型高校科层治理模式形成的另一关键行动者。安东尼·克劳斯兰德于1965年开始担任英国主管教育的官员，受托比·韦弗的影响，他极力倡导英国高等教育实施“二元制”的发展路径[227]。在托比·韦弗、安东尼·克劳斯兰德的接连推动下，1966年英国政府发布《关于多科技术学院与其他学院的计划》，通过合并有关学院以建立应用型高校，并形成了英国应用型高校早期的科层治理模式。尽管高等教育“二元制”一开始就受到罗宾斯等人的激烈反对，但得到了相关的利益集团如技术学院、地方政府的支持。

在英国应用型高校治理由科层模式转向市场模式中最关键的行动者便是玛格丽特·撒切尔，她在一定程度上决定了1992年之后应用型高校治理改革的方式。撒切尔夫人任首相后极力倡导新自由主义思想[187]。在其政治哲学和施政理念影响下，英国高等教育治理以讲求效率、激励竞争、促进协商合作为发展理念，以自由竞争的市场为核心机制[228]，直接促进了英国应用型高校治理由科层模式向市场模式的转型。

第五章 英国应用型高校治理改革：历史逻辑

历史制度主义的历史观强调通过对政策过程选择、变更、替代的历史轨迹的追溯，分析过去对现在与未来的重要影响。这一分析范式的核心观点主要有两点。一是路径依赖。制度改革的路径依赖性，即具有正反馈机制的随机非线性动态系统存在的某种不可逆转的自我强化趋势，它使制度趋于沿着固定轨道一直演化下去，即使有更好的选择，演化路径亦很难使之改变。路径依赖是架构过去、现在和未来的桥梁。路径依赖的主要观点包括学习效应、协同效应与适应性预期等[229]。路径依赖有效地解释了为什么制度往往被“锁定”在一种低效甚至无效的路径之中无法自拔。二是关键节点。关键节点的出现往往是因为外部环境发生重大变化，而制度情境的改变阻挠现有制度进行复制，这为制度创新提供了契机[230]。根据创新性质以及程度的差异，大体上可以把制度创新分为在原有制度框架内发生的渐进式改革和与旧制度形成彻底反叛的决裂式制度改革。路径依赖理论和制度断裂及生成理论构成了历史制度主义的制度改革理论，对于应用型高校治理改革多半个世纪的历史，以路径依赖和改革方式为基本框架来解释应用型高校治理改革的历史逻辑。

第一节　路径依赖

在历史制度主义中，路径依赖是一种重要的分析范式，也被认为是制度改革的主要模式。历史制度主义强调制度路径的报酬递增，即使存在更有效的制度选择的可能，初始制度路径也会被“锁定”，而路径依赖就是一个自我强化和正反馈的过程[231]。历史制度主义制度改革理论强调，过去的制度选择具有惯性的力量使制度本身不断自我强化，即“在某一特定时间点上政策行动者在面临决策时会受到过去做出决定或者已经历事件的限制”[232]。这种制度惯性限制又被称为路径依赖，具体表现为受学习效应、协同效应、适应性预期和退出成本增大等因素的影响，一旦创设或选择某种制度模式，就很可能沿着这种模式持续深入下去[233]。因此，尽管在大环境下，“二元制”的建立在多方利益主体博弈的过程中取得了暂时性的胜利，但由于人的理性是有限的，“二元制”的实施并未消除研究型高校与应用型高校之间的不平等，反而强化了这种不平等，并未达到当初所设想的平等的理想目标，路径依赖进入了一种无效率依赖中。由于学习效应、协同效应、适应性预期等要素，扭转现有应用型高校治理的成本很高，要经历一个阈值效应和边际累积的过程。

一、学习效应

学习效应是指个体或组织在行为选择中往往趋向于向同类个体或组织的行为模式、方案、规范等进行一定的迁移与学习[234]。应用型高校治理改革的学习效应主要表现在对研究型高校自治的学习效应和对企业治理的学习效应。

对研究型高校治理模式的学习效应。研究型高校在英国具有悠久的历史和强大的影响。受传统研究型高校治理模式的影响，应用型高校管理者强烈呼吁扩大学校的自治权，并在人才培养方面不断向研究型高校趋同。无论英国应用型高校还是地方政府主管部门，对于当时的政府主导治理模式愈加不满，地方政府认为英国应用型高校的学术倾向和培养模式使得其服务地方社会经济的能力减弱，办学目标与设立之初相去甚远；应用型高校管理者则认为应用型高校应同传统研究型高校一样追求学术自由和学校自治。应用型高校争取自治的愿望极其强烈，间接影响了1992年后市场主导治理模式的形成。

对企业治理模式的学习效应。应用型高校治理转型为市场主导模式是基于市场机制具有资源配置有效性和灵活性的历史经验，市场机制在企业管理中的有效应用为应用型高校治理转型提供了实践基础。应用型高校治理改革中的学习效应充分体现了路径依赖所带来的惯性力量，组织改革往往按照既有路径与既定方向发展。

二、协同效应

应用型高校治理改革的协同效应包括制度矩阵的交错和集体行动的协同两个层面。

制度矩阵的交错。制度矩阵交错是指当行动者以现行的制度和政策为基础，推动制度改革的一系列法律、法规、规章和制度相互交错，形成制度矩阵[235]。制度的高度密集矩阵使得报酬递增效应明显[236]。这就意味着制度改革必然涉及一系列相关制度的变革，则退出现有制度的成本不断上扬，难度随之增加。为适应经济形势的要求，促进应用型高校的发展，回应社会舆论的诉求，在推进应用型高校治理改革过程中，政府颁布了一系列配套的政策规则，构建了正式的制度，这些制度对应用型高校治理相关行动者都构成了一种约束[109]。

集体行动的协同。应用型高校治理改革的行为主体涉及中央政府、地方政府、应用型高校、家长、学生等。在各制度行为主体的协同效应下，由政府所推行的应用型高校治理政策改革可能会流于形式，导致制度改革陷入“虚假创新”的陷阱。随着市场模式在应用型高校治理中的推行和深化，与市场模式相匹配的校内外组织、制度相应建立起来，形成了一个稳定的制度群。它不断地弥补初始制度存在的缺陷，并在协同中逐渐构成了潜在的利益关系，从而不利于应用型高校治理的根本变革。

三、适应性预期

历史制度主义的路径依赖强调前一阶段制度的安排会影响其后的制度选择和安排。适应性预期是指一项制度一旦被固定下来，行动者对该制度适应性预期的增加往往会导致其习惯于从旧有的制度要素中寻求指导，当多数人都持有同样的认知，并采取同样行为模式的时候，该制度将进一步自我强化。应用型高校治理改革的适应性预期主要体现在对市场机制的认可和强化。

自英国应用型高校创立至今，虽然英国高等教育机构治理经历了自主权逐渐扩大、由外部治理逐步走向内部治理的过程，但是行政主导依然是应用型高校治理的主要特征。这是因为推动应用型高校治理改革面临着巨大的未知风险和高昂的改革成本，所以市场模式是大多数应用型高校易采用的方式。尽管市场模式导致的功利主义负面影响招致批评，但是由于市场模式实施多年，很多应用型高校在内部人事安排、机构设置、岗位任务等方面已经形成了稳定配置，内部治理有了成熟的行动模式。而政府也确实通过市场机制收获了近年来应用型高校发展的成果，并实现了政府意图在实际行动中的贯彻。1992 年开始转型为市场模式的应用型高校通过中介组织的作用消解了与政府的直接矛盾，取得了一定的成效，致使制度创新主体对既有治理模式产生路径依赖和适应性预期，这种适应性预期对后续应用型高校的治理模式变革产生了一定的阻滞。

第二节　改革方式

制度改革是一个动态演进的过程，是通过复杂规则、标准和实施的边际成本调整实现的[237]。从这一观点可以看出，制度具有长期的稳定性，也就是达到一种均衡状态，然而总会有危机导致制度的间断波动，即制度断裂，这也就是所谓的制度改革的断裂均衡模式。需要指出的是，这一模式所强调的制度改革的周期性需要较长历史时间才能表征出来[231]。从不同视角检视英国应用型高校治理改革方式，既有强制性改革，亦呈现出渐进式改革逻辑。

一、强制性改革

为了更好地分析制度改革的方式，新制度经济学家建立了诸多制度改革的模型。若从制度改革的主体来考察，制度改革可分为诱致性制度改革和强制性制度改革。诱致性制度改革指的是现行制度安排的变更或替代是由个人或群体自发倡导、组织和实行的；强制性制度改革是国家在追求利益最大化和产出最大化目标下，通过政策法令的引入而实施的[238]。

在分析英国应用型高校治理改革时，若将政府与应用型高校视作改革过程的两端，那么其治理改革流程可能有两条基本路线：一条是诱致性改革，即自下而上的路线；另一条是强制性改革，即自上而下的路线。诱致性改革是指一种来自应用型高校自发的治理改革，即由应用型高校至政府的自下而上型。改革首先在应用型高校内部兴起，逐渐推开，最终导致国家政策的改变，政府的政策“跟随”而不是“领导”组织在系科、学部或院校层次所发动的变革过程，其特征是院校自治更多地体现在竞争市场上，而不是在国家立法权力的控制机制上。强制性改革则是由政府至应用型高校的自上而下型，即政府首先制定有关改革的政策和法令，然后组织实施，引导应用型高校治理改革。应用型高校仅仅响应国家权力所强加的政策改革。政治和行政的力量在改革中发挥主导作用，而应用型高校、其他高等教育机构、社会机构和学术人士在高等教育发展进程中所起的作用基本上是从属性的。也就是说，来自社会的和教育界的各种力量主要是根据国家和政府所制定的有关法律、政策而发挥作用。

不同发展路线的确定，受一个国家政治传统、文化传统和教育传统等方面动因的制约。从这个意义上讲，一个国家采取何种发展路线，绝不是某个人或某个社会集团主观的选择，而是一种历史必然[239]。诱致性改革与强制性改革这两条发展路线实际上都存在着自身的局限性。诱致性改革路线虽然易于调动个人、教育机构和社会团体等方面的积极性和创造性，但不利于发挥政府的积极性，不利于在宏观上有效地配置和利用社会资源和教育资源，而且容易产生分离主义倾向。而强制性改革路线虽然从理论上讲可以避免前者的局限，但又很难获得前者所具有的优势。

20 世纪 60 年代到 80 年代，应用型高校治理改革基本上是强制性改革的路线。第一，英国高等教育成为真正意义上的高等教育国家体制是 20 世纪 60 年代以来的事情。直到 20 世纪中叶，英国高等教育实施的是精英教育，发展速度缓慢。1963 年《罗宾斯报告》后，迎来高等教育扩张的黄金时期，也是政府越来越多关注高等教育的时期。20 世纪 60 年代末，为满足日益增长的高等教育需求和扩大高等教育机会，政府发布《关于多科技术学院与其他学院的计划》，成立 34 所多科技术学院，从而形成“二元制”体系。第二，撒切尔夫人任首相期间，政府在许多领域进行了强有力的改革，其目的都是加强英国在世界上的经济竞争力。进入20世纪80年代，政府渐渐把更多的注意力转向教育。1979年以来政府的政策都汇集在1988年《教育改革法》之中。这些政策包括以下几个方面：一是政府加强中央对教育某些领域的控制，尤其在课程方面；二是政府加强对教师的控制，试图控制教师的薪水标准；三是政府在职业技术教育方面加强干预，投入大量资金来提高其质量；四是政府加强对应用型高校的直接控制，拒绝全部用国家拨款资助高校发展，主张应用型高校应该通过向工商企业界以及其他校外基金会出售服务来使自己更加自给自足。第三，应用型高校治理改革是政府调节高等教育适应社会发展的结果。当高等教育成为一种普遍需要的时候，英国大学的自治传统使得英国政府无法要求研究型高校配合政府的政策，只能促进应用型高校治理改革来满足社会需求、解决政治压力。

由此可见，应用型高校治理改革方式是政府作为强制主体主导设计的，是英国政府直接介入的具体行动。因为应用型高校历史积淀短，经费来源依托于政府，相比研究型高校容易管理，从而主要受到政府的管控。此外，从1966—1992年英国政府颁布的关于教育体制改革的相关法律和教育大臣的相关演讲不难看出政府在应用型高校治理改革中所发挥的主导作用。应用型高校治理"从上到下"的改革中，政府的引导和干预始终没有间断过。政府越来越关心应用型高校的发展在国家与社会发展中的作用，越来越要求应用型高校与社会经济发展相适应，越来越倾向于通过立法、行政和经费资助等手段来影响应用型高校治理改革与发展的方向。

二、渐进式改革

历史制度主义认为，制度改革尽管存在路径依赖，但"在特定的时间节点上，受重大事件影响，会出现关键节点上的制度断裂现象"，发生旧制度的调整、革新[240]。根据关键节点的作用力和作用方向，制度改革大致可分为基于原有制度框架的渐进式改革和从量变到质变所产生的决裂式改革。前者主要是在原有制度框架内发生的渐进性或者变通性改革，后者是对旧制度的彻底反叛与决裂。由于存在着路径依赖，英国高等教育取消“二元制”重建“一元制”经历了渐进式制度改革过程。检视应用型高校治理改革的路径可以发现，在此视角下应用型高校治理改革方式亦以渐进式改革为主。

应用型高校治理改革呈现渐进式特征的主要原因是受到政治、决策水平和成本三方面的制约。第一，渐进性与执政党的改革决策有关。在英国，政策的决策必然要受到工党和保守党两大党派的影响，必然是各个党派折中、调和的产物[187]。因此，政治上的渐进性就决定政策决策过程的渐进性。第二，渐进性也是由决策水平决定的。一项应用型高校治理政策的出台受时间、空间、环境等多种因素影响，而决策水平则直接受制于决策者对决策备选方案及其后果等信息的了解程度。政策制定者对整个信息及后果了解得越深入、越透彻，决策正确的可能性就越大。所以政策制定者必须花费大量的时间和精力进行全面调查、了解和研究，在此基础上做出决定。第三，渐进性也是由政策切换成本决定的。从政治经济学的角度看，渐进决策是理性的[241]。因为新政策具有学习成本，也有与原政策系统摩擦的代价，还有沉淀成本，新路径还有切换成本和结构性震荡代价。因此，应用型高校治理改革过程必将是一个逐步演化、完善的渐进过程，通常会顺从惯性，遵循固有的路径缓慢地演变。这种政策惯性对于节约切换成本而言也是经济的(见图 5-1)。

英国应用型高校治理渐进式改革主要体现在政策设计的有序性、渐进性和连续性。英国高等教育基金会国际部主任克利夫·汉考克认为，英国高等教育治理政策改革绝不是一个革命的过程，而是一个水到渠成的“进化”过程[242]。应用型高校治理的改革亦是一个逐步推进、分步到位的过程(图 5-2)。“二元制”期间英国应用型

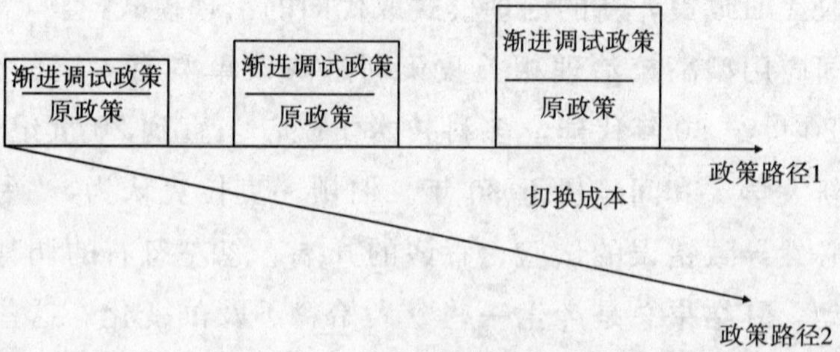

图 5-1　渐进政策改革惯性

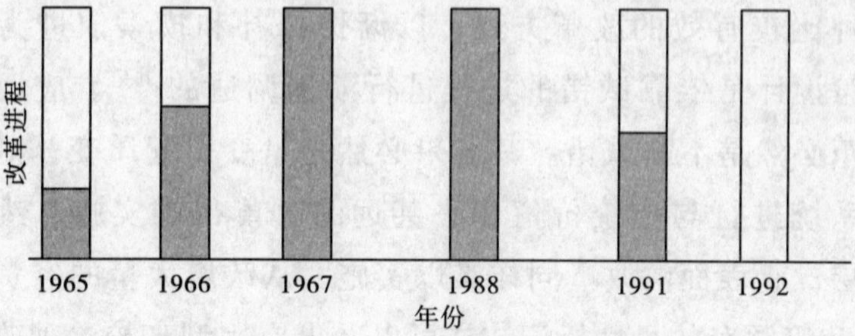

图 5-2　应用型高校治理相关政策改革的渐进模式图

注：阴影部分表示“政策产生”，白色部分表示“政策消失”。

高校治理改革的政策制定具有渐进性。1965 年、1966 年和 1967 年政府三次发表关于建立“二元制”的文件，直到 1969 年才开始行动，酝酿期长达 4 年，而二元结构完成是 1973 年。从第一个政策颁布到 30 所多科技术学院建立用了 8 年时间。“一元制”期间应用型高校治理变革政策颁布也同样是一个渐进的过程。第一个政策是 1988 年颁布的《教育改革法》，第二个是 1991 年颁布的《高等教育：一个新框架》，直到 1992 年的《继续教育和高等教育法》颁布后，政府才采取终结“二元制”、建立“一元制”的行动。此过程也在 4 年间才得以完成。由此可见，英国应用型高校治理政策的颁布是一个渐进的过程，应用型高校治理改革亦遵循有序渐进式改革逻辑。这被鲍姆加特纳称为“中断-平衡框架”模式，即政策连续过程出现中断、飞跃，新政策取代旧政策，新的治理模式取代旧的治理模式[2]。

英国应用型高校治理相关政策渐进式改革具有一定的合理性。英国从20世纪60年代建立多科技术学院，一直到20世纪90年代升格为新大学，其间经历近30年。伯顿·克拉克认为，“大张旗鼓的变革必然导致错误的试验、荒谬的开端、忽左忽右的调整和乱哄哄的行动，其结果总是产生一些令人始料不及的变化，这些变化常常带有戏剧性”[82]。任何教育改革政策的实施都需要足够的时间，这是英国应用型高校发展比较稳妥、弯路不多的重要经验。渐进方式是一种比较有效的改革方式，以渐进修补和摸索前进为基本特征，政策设计是依靠试错的过程进行渐进调适的[154]。应用型高校治理改革必然是不断试错，其结果必然是量变引起质变。对整个高等教育系统进行与传统价值相去甚远的改革很难实施，然而小范围、低层次、表面的改革同样难以实施。从政府大量的经费支持和30多个政策颁布的显性标记，亦可以看出应用型高校治理改革的路线基本上是纵向渐进的方式。应用型高校治理改革也就是在这样一种路径依赖上发展的结果。

英国应用型高校治理渐进式改革模式的优点在于能使发展与改革的步伐具有非常大的稳健性。应用型高校能持续不断地发展，不会因发展过程中存在种种矛盾和冲突而导致发展进程的停顿或逆转。然而，其弊端也很明显：发展的步伐小，效率不高，显得迟钝和落后。与自下而上的诱致性改革和自上而下的强制性改革一样，渐进模式和断裂模式也不能做简单的价值评判。同样是一个破与立的过程，渐进模式破坏的程度要小得多，主要是建构与创新，渐进模式是温和的改革，不涉及政府的更迭，是在既有政府的统领下有秩序地和有战略选择地完成应用型高校的治理改革。

综合前文分析，对英国应用型高校治理改革的动力逻辑进行总结，如图5-3所示。

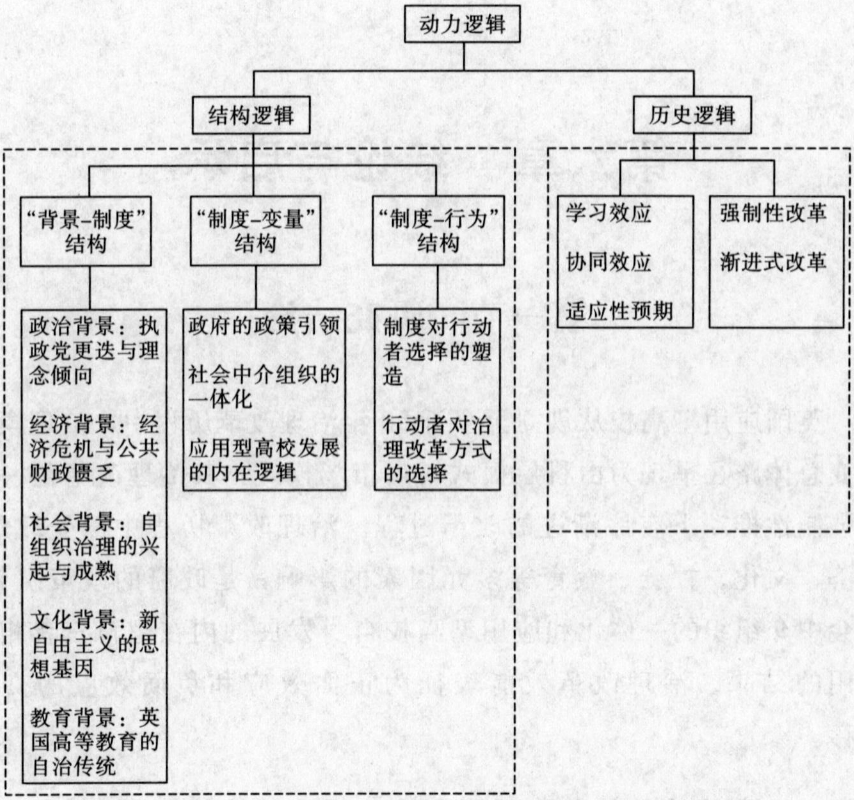

图 5－3　应用型高校治理改革的动力逻辑

第六章　结论与启示

第一节　研究结论

英国应用型高校从创立至今近60年治理改革历程中，治理模式演变总体路径呈现为由科层模式转向市场模式，其治理改革是一个在强制性推动下有序渐进的改革过程。治理改革历程中深受政治、经济、文化、社会、教育等多元因素的影响，是政府的政策引领、社会中介组织的一体化和应用型高校自身发展的内在逻辑三者相互作用的结果。治理改革效能表征为正面效应和负面效应的交叉并存。

一、同构性趋势是应用型高校治理改革的基本路径

应用型高校治理改革总体上呈现出与研究型高校同构的趋势。虽然“二元制”时期应用型高校与研究型高校治理样态呈现各自不同的特色，但是随着“一元制”高等教育体制的形成，应用型高校与研究型高校治理模式互相迁移学习，两者之间的差异逐渐缩小。之所以英国应用型高校和研究型高校在治理模式改革过程中出现同构现象，一方面是由于人才培养目标的模糊性，人才培养的方式与目的之间关系的不确定、非线性和非对称性，模仿成功的做法是应用型高校的一种必然选择，另一方面是因为组织制度环境的趋同作用，处于同一制度环境下的组织往往在组织场域的作用下呈现出相似的行为特征。因而，随着英国高等教育体制从“二元制”到“一元制”的

改革，英国应用型高校和研究型高校的治理之间便出现了一定的相似性即同构性。此外，研究型高校“职业漂移”和应用型高校“学术漂移”，两种类型高校的互相学习亦说明了这一点。

二、利益冲突与协调是应用型高校治理改革的内在逻辑

英国应用型高校治理改革背后蕴含着深刻的利益冲突与协调。利益的实现是英国应用型高校治理的最终目的，而利益冲突与协调是其治理改革中必然要经历的过程。应用型高校治理改革的本质是解决在办学过程中出现的冲突和协调问题，以一种效率更高的治理模式替代现有治理模式。英国应用型高校治理过程中经历一系列的变革，变革表明既存利益相关者协调模式对新问题的适应性不足，需要打破原有的治理安排以增强其适应性。利益协调就是改变英国应用型高校治理过程中原有利益冲突的格局，实现互助合作的过程。从“二元制”时期到“一元制”时期应用型高校治理的改革，可以看出利益相关者之间的冲突与协调关系是动态的。应用型高校治理改革是不同利益冲突主体间达成利益均衡的结果。经过利益整合、利益约束、利益补偿等消除应用型高校治理改革中的不稳定、不平衡的冲突状态，实现利益主体之间的合作共赢。由于多元利益相关者参与是英国应用型高校治理的本质特征，故而利益的冲突与协调贯穿应用型高校治理改革的始终。

三、前进性与曲折性相统一是应用型高校治理改革的发展规律

唯物辩证法认为，事物发展的总趋势是前进的，新事物必然战胜旧事物[243]。然而由于路径依赖的内在强化或关键行动者的偏好博弈等因素的影响，新事物替代旧事物的过程具有一定的曲折性。可见，任何事物的发展都是前进性与曲折性的统一。从应用型高校治理改革的效能来看，其治理改革效果具有正向效应和负向效应并

存的二重性，可见，应用型高校治理改革亦遵循前进性和曲折性相统一的原理。在前进中有曲折，在曲折中向前进，是应用型高校治理改革的基本规律。值得注意的是，前进性和曲折性是相统一的，如果割裂了二者的统一，便会导致循环论和直线论的错误。循环论片面夸大事物发展曲折性、反复性的一面，否认事物运动变化的前进性，直线论忽视事物发展道路的曲折性，把发展的道路看成线性的[217]。通过对英国应用型高校治理效能的研究，可以发现应用型高校治理的市场机制是其取得成效和存在不足的主要诱因，从而引发了循环论和直线论的片面观点。循环论片面夸大市场机制在应用型高校治理中发挥的作用，直线论则忽视了应用型高校市场化带来的弊端，导致另一端的片面主义观点。事实上，市场机制作为治理工具，其本身并没有正负效应的属性，其属性的发挥在于工具的使用方法和规则，正如锄头可以用来除草也可以用来伤人。其关键之处在于如何更好地使用市场机制，使其在应用型高校治理中更有效地发挥作用，从而促进应用型高校的治理模式在前进性和曲折性中螺旋式向前发展。

第二节 研究启示

国外教育研究最根本的目的就是借鉴，它能“提供崭新的国际视角，以新的认识框架来重新审视本国的教育”，从而促进本国教育改革与发展[244]。著名的比较教育学者康德勒认为，研究别国的教育能增进对本国教育的理解[17]。这种理解就是通过与他国教育相比较，找出本国教育的差距与缺失，从而在借鉴的基础上达到深层次的提高。通过对应用型高校治理改革历程的分析，归纳总结应用型高校治理改革的逻辑，为我国应用型高校治理改革提出启示。

一、遵循渐进式应用型高校治理改革逻辑

英国经济史学家卡尔·布兰妮在其著作《大转型：我们时代的政治与经济起源》中提出，社会的转型往往是以牺牲当下社会秩序为代价的，如果社会转型过于迅速，会对社会的稳定带来极大的冲击[245]。从英国应用型高校治理改革的实践和规律可以看出，高等教育治理模式变革亦如此。从1965年酝酿到1973年“二元制”的确立历时8年。“一元制”的建立过程也同样是一个稳中求变的过程，历时5年。从1982年设立国家咨询机构，从国家层面考察并监督本属于地方管控的应用型高校，到1988年颁布《教育改革法》，将应用型高校的管理权从地方政府转移到中央政府，再到1992将其治理模式转向市场导向模式，改革过程历时10年才实现了一定程度的转型，并在转型中基于实践困境进行调整以适应社会的内在需求和应用型高校的长远发展。从我国的实践来看，政府层面、地方学校管理者、研究学者在应用型高校治理改革中进行了诸多有益的探索与实践。2013年教育部推动成立“应用技术大学(学院)联盟”便是我国推动应用型高等教育治理改革、探索自组织治理的一个尝试；2017年《国务院办公厅关于深化产教融合的若干意见》中强调逐步提高行业企业参与办学程度；2018年《职业学校校企合作促进办法》明确了职业学校和企业可以结合实际开展合作治理；2019年《国务院关于印发国家职业教育改革实施方案的通知》中再次提出鼓励职业院校吸引行业企业和社会力量参与。在后续的发展过程中，我国应用型高校治理的改革仍需根据经济社会的发展需要和应用型高校发展的内在需求进一步有条不紊地推进，从而实现有序渐进和可持续的治理模式改革。

二、构建治理主体之间的利益协调机制

应用型高校治理的改革本质上是主体间利益冲突与协调之间的断裂与平衡，随着治理主体目标利益的达成，治理样态演化成一定的模式，伴随着利益的再次冲突而进一步发生改革。因此，我国应用型高校治理改革中的利益冲突与协调过程，本质上也是解决参与治理的利益相关者之间权力矛盾和冲突的过程。要解决应用型高校治理改革中出现的矛盾和冲突，最根本的办法就是尽可能地满足应用型高校各利益相关者利益目标的协同与共赢，其中利益协调是利益相关者之间的利益冲突得以化解的根本。利益协调机制的设计有两种可选择的类型：一是制度化的协调机制，即通过缔结条约或协议，组成一个紧密的组织来进行合作，这种协调机制具有法律强制性，更有利于推进应用型高校利益主体间的紧密合作；二是非制度化的协调机制，即采取应用型高校利益主体间利益磋商的形式，组成松散的组织形式。对于我国应用型高校治理改革，经济协调是通过努力提高利益对象的有效供给水平来实现治理参与主体之间的利益协调，其实质是充分利用一系列经济激励手段，形成应用型高校各利益主体有效达成利益均衡，实现应用型高校各利益主体的相互依赖、合理分工、协调发展的利益共同体。

三、探究应用型高校治理改革的本土模式

从英国应用型高校治理改革的路径选择可以看出，其改革无一不是基于本国的社会经济发展情况和应用型高校的内在需要而展开。英国应用型高校市场模式的形成，一方面源于英国财政危机下削减教育经费开支的目的，政府通过社会资本的共同参与治理减少人力成本和物力成本，提升治理效率的同时促进应用型高校与社会的紧密联系；另一方面，英国社会的自组织治理的发展成熟为英国

社会各主体参与应用型高校的外部治理提供了基础与条件，使得市场导向治理模式能够运行，同时也伴生了一系列新的问题。而就我国国情实际而言，从历史要素来看，我国应用型高校长期处于政府的直接管理之下，自治管理经验和能力有限，如果脱离政府管理，容易陷入“一收就死，一放就乱”的发展困境；从制度环境要素来看，社会自组织治理的社会基础尚未发展成熟，也缺乏行业和企业等社会组织在院校治理中发挥作用的保障机制。因此，我国在借鉴英国推进应用型高校治理变革的经验时，应结合我国的政治经济、社会基础、文化传承等多方面的要素，探究符合我国基本国情和应用型高校内在逻辑的治理模式和改革路径。

第三节　研究不足与展望

本书的不足主要表现在三个方面。第一，应用型高校治理改革历史轨迹的时段划分中，科层模式和市场模式的样态特征归纳存在相对性，即不同理论视角下科层模式和市场模式特征的具体解释存在一定的误差。第二，对于英国应用型高校治理改革的动力要素分析具有一定的宏观抽象性，要素之间的作用逻辑虽然体现了改革的动力结构和机制，但由于史料有限和研究者的有限理性，使得该部分研究结果的获得存在一定的主观性。第三，虽然进行了相关的访谈和观察，但是受访者人数有限，尤其对教育部门管理人员、社会参与治理人员的深度访谈和观察不够，导致对社会主体和政府主体参与英国应用型高校治理的感性认识不足。

应用型高校治理改革研究工作已告一段落，但是已经涉及的问题并没充分展开，不少问题还没有涉及。首先，关于“一元制”下研究型高校与应用型高校治理的比较问题。1992 年“二元制”消亡后，出现英国高等教育体制的统一，在这个新兴“一元制”下，研究型高校和应用型高校的治理模式存在一定的差异性，其差异性具体为何？其次，应用型高校内部治理模式改革问题。本书主要聚焦治理的研究，其内部治理改革的样态为何、内部治理改革的动力为何、内部治理改革的效能如何等问题有待进一步探究。最后，本书对英国应用型高校治理改革的历史分析多在宏观层面展开，对于我国应用型高校在实践改革中具体应如何借鉴英国应用型高校治理模式的中微观层面研究有待进一步开展。

总体而言，英国应用型高校治理作为一个系统性问题，不仅包括治理改革的分析，而且包含内部治理改革的探究；不仅包括改革的历史研究，而且涵盖英国应用型高校治理的案例研究、英国应用型高校与研究型高校治理的比较研究、英国应用型高校与我国应用型高校治理的比较研究等多个研究主题。这些主题在笔者后续一系列研究中将进一步展现，以期在全方位、多维度剖析英国应用型高校治理的基础上，从不同视角对我国应用型高校治理提出更具现实价值和操作性的优化路径与政策建议。

参考文献

[1] GORNITZKA Å, MAASSEN P, DEBOER H. Change in university governance structures in continental Europe [J]. Higher Education Quarterly, 2017, 71 (3): 274 - 289.

[2] BOLDEN R, PETROV G, GOSLING J. Distributed leadership in higher education: rhetoric and reality[J]. Educational Management Administration & Leadership, 2009, 37(2): 257 - 277.

[3] NISAR M A. Higher education governance and performance based funding as an ecology of games[J]. Higher Education, 2015, 69(2): 289 - 302.

[4] 柳友荣. 英国新大学运动及其对我国应用型本科教育的启示[J]. 高等教育研究, 2011(8): 94 - 99.

[5] 朱贺玲, 袁本涛. 新公共管理及其对大学治理的影响: 德、英、美三国的经验[J]. 中国高教研究, 2018(3): 24 - 30.

[6] 曲一帆, 史薇. 中国应用技术大学路向何方: 基于英国与芬兰多科技术学院不同发展路径的比较研究[J]. 清华大学教育研究, 2014(4): 71 - 77.

[7] CAREY P. Student engagement: stakeholder perspectives on course representation in university governance[J]. Studies in Higher Education, 2013, 38(9): 1290 - 1304.

[8] CARTWRIGHT M J. Some reflections on theories of leadership and change and their relevance to a post - 1992 university[J]. Research in Post-Compulsory Education, 2005, 10(2): 257 - 266.

[9] LEPORI B. Research in non-university higher education institutions: the case of the Swiss Universities of applied sciences[J]. Higher Educa-

tion，2008，56(1)：45 - 58.

[10] CHRISTENSEN T，LÆGREID P. The whole-of-government approach to public sector reform[J]. Public Administration Review，2007，67(6)：1059 - 1066.

[11] BLEIKLIE I，KOGAN M. Organization and governance of universities[J]. Higher Education Policy，2007，20(4)：477 - 493.

[12] BREAKWELL G M，TYTHERLEIGH M Y. UK university leaders at the turn of the 21st century：changing patterns in their socio-demographic characteristics[J]. Higher Education，2008，56(1)：109 - 127.

[13] CHRISTENSEN T. University governance reforms：potential problems of more autonomy? [J]. Higher Education，2011，62(4)：503 - 517.

[14] HEIDENSOHN K. Fachhochschulen and polytechnics[M]. Bristol：Further Education Staff College，1985.

[15] BIRNBAUM R. The end of shared governance：looking ahead or looking back[J]. New Directions for Higher Education，2004，2004(127)：5 - 22.

[16] DAVIS G C. The origin of the binary system[J]. History of Education，1998(2)：171 - 191.

[17] CHAPLEO C，SIMMS C. Stakeholder analysis in higher education[J]. Perspectives：Policy and Practice in Higher Education，2010，14(1)：12 -20.

[18] CARNEGIE G D，TUCK J. Understanding the ABC of university governance[J]. Australian Journal of Public Administration，2010，69(4)：431 - 441.

[19] MACHERIDIS N. Governance of higher education-implementation of project governance[J]. Tertiary Education and Management，2017，23(2)：85 - 102.

[20] AU W，FERRARE J J. Mapping corporate education reform：power

and policy networks in the neoliberal state [M]. London: Routledge, 2015.

[21] 俞可平. 论国家治理现代化[M]. 北京：社会科学文献出版社，2015.

[22] LEE M H. University governance: trends and models[J]. Asia Pacific Journal of Education, 2015, 35(2): 308－309.

[23] PIATTONI S, PROQUEST F. Theory of multi-level governance: conceptual, empirical, and normative challenges [M]. Oxford: Oxford University Press, 2010.

[24] 杨进，刘立新，李进. 治理理论视域下职业教育校企合作治理结构的构建[J]. 中国职业技术教育，2015(36)：5－9.

[25] GORMLEY-HEENAN C, BIRRELL D. Multi-level governance and Northern Ireland[M]. London: Palgrave Macmillan, 2015.

[26] BRINBAURM R. The end of shared governance: looking ahead or looking back[J]. New Education, 2004(127): 5－22.

[27] DOROBANTU S. Sustainability, stakeholder governance, and corporate social responsibility [M]. United Kingdom: Emerald Publishing, 2018.

[28] KEHM B, LANZENDORF U, UNIVERSITAÄT K. Reforming university governance : changing conditions for research in four European countries[M]. Bonn: Lemmens, 2006.

[29] 刘益东，周作宇. 大学治理：一个整体性框架[J]. 大学教育科学，2020(3)：64－72.

[30] 方妍. 高等教育强国背景下政府与大学关系重构研究[D]. 武汉：武汉大学，2011.

[31] HUISMAN J. International perspectives on the governance of higher education: alternative frameworks for coordination [M]. London: Routledge, 2009.

[32] 丁笑梅. 大学治理结构研究[D]. 上海：华东师范大学，2014.

[33] 胡建华. 大学内部治理与治理关系分析[J]. 江苏高教，2016(4)：1－5.

[34] WHITCHURCH C. Who do they think they are? The changing identities of professional administrators and managers in UK higher education[J] . Journal of Higher Education Policy and Management, 2006 (2): 1 - 12.

[35] Mackay A. Derek John de Solla Price: an appreciation[J]. Social Studies of Science, 1984, 14(2): 315 - 320.

[36] 钟伟金，李佳. 共词分析法研究(一)：共词分析的过程与方式[J]. 情报杂志，2008(5)：70 - 72.

[37] PARADEISE,CATHERINE, THOENIG, et al. Organizational governance and the production of academic quality: lessons from two top US research universities[J]. Minerva: A Review of Science, Learning and Policy, 2014, 52(4): 381 - 417.

[38] FELLER I. Performance measurement and the governance of American academic science[J]. Minerva, 2009, 47(3): 323 - 344.

[39] FERLIE E, MUSSELIN C, ANDRESANI G. The steering of higher education systems: a public management perspective[J]. Higher Education, 2008, 56(3): 325 - 348.

[40] PERKMANN M, TARTARI V, MCKELVEY M, et al. Academic engagement and commercialisation: a review of the literature on university-industry relations[J]. Research Policy, 2013, 42(2): 423 - 442.

[41] DEBOER H F, ENDERS J, LEISYTE L. Public sector reform in dutch higher education: the organizational transformation of the university[J]. Public Administration, 2007, 85(1): 27 - 46.

[42] HICKS D. Performance-based university research funding systems[J]. Research Policy, 2012, 41(2): 251 - 261.

[43] POLLITT C, HUPE P. Talking about government: the role of magic concepts[J]. Public Management Review, 2011, 13(5): 641 - 658.

[44] DOBBINS M, KNILL C, VÖGTLE E. An analytical framework for the cross-country comparison of higher education governance[J]. High-

er Education，2011，62(5)：665 - 683.
[45] PURCELL W M，CHAHINE T. Leadership and governance frameworks driving transformational change in an entrepreneurial UK university[J]. Leadership & Organization Development Journal，2019，40(5)：612 - 623.
[46] KNIGHT M. Governance in higher education corporations：a consideration of the constitution created by the 1992 act[J]. Higher Education Quarterly，2002，56(3)：276 - 286.
[47] SHATTOCK M. University governance in flux. The impact of external and internal pressures on the distribution of authority within British universities：a synoptic view[J]. Higher Education Quarterly，2017，71(4)：384 - 395.
[48] SAITI A，ABBOTT I，MIDDLEWOOD D. University governance：insights from England and Greece[J]. International Journal of Educational Management，2018，32(3)：448 - 462.
[49] KOK S，DOUGLAS A，MCCLELLAND B，et al. The move towards managerialism：perceptions of staff in "traditional" and "new" UK universities[J]. Tertiary Education and Management，2010，16(2)：99.
[50] FRANK D J. The university and the global knowledge society[M]. Princeton：Princeton University Press，2020.
[51] GIANNAKIS M，BULLIVANT N. The massification of higher education in the UK：aspects of service quality[J]. Journal of Further and Higher Education，2016，40(5)：630 - 648.
[52] MIDDLEHURST R. Changing internal governance：are leadership roles and management structures in United Kingdom universities fit for the future? [J]. Higher Education Quarterly，2013，67(3)：294.
[53] HAGOOD L P. The financial benefits and burdens of performance funding in higher education[J]. Educational Evaluation and Policy Analysis，2019，41(2)：189 - 213.

[54] POLKINGHORNE M, ROUSHAN G, TAYLOR J. Considering the marketing of higher education: the role of student learning gain as a potential indicator of teaching quality[J]. Journal of Marketing for Higher Education, 2017, 27(2): 213-232.

[55] MARGINSON S. The impossibility of capitalist markets in higher education[J]. Journal of Education Policy, 2013, 28(3): 353-370.

[56] JUNGBLUT J, VUKASOVI C M. Not all markets are created equal: re-conceptualizing market elements in higher education[J]. Higher education, 2018, 75(5): 855-870.

[57] FILIPPAKOU O. Higher education policymaking in an era of increasing marketization [J]. London Review of Education, 2016, 14 (1): 1-3.

[58] DOBBINS M, KNILL C. Higher education governance and policy change in Western Europe: international challenges to historical institutions[M]. London: Palgrave Macmillan, 2014.

[59] CONNOLLY J, VAN DER ZWET A. Public value management, governance and reform in Britain[M]. Cham: Springer International Publishing AG, 2020.

[60] GAYLE D J. Governance in the twenty-first-century university : approaches to effective leadership and strategic management[M]. Calif: Jossey-Bass, 2003.

[61] BINGAB B. Envisioning incentives for improving university governance: a Ghanaian perspective[J]. International Journal of Management, Knowledge and Learning, 2016, 5(2): 223-244.

[62] BLACKMAN D, KENNEDY M. Knowledge management and effective university governance[J]. Journal of Knowledge Management, 2009, 13(6): 563.

[63] 鲁武霞. 应用型本科高校“转型”：发展困境与生态定位[J]. 大学教育科学，2017(3)：30-36.

[64] 邓宏宝，濮海慧．应用型大学内部治理结构研究[J]．教育评论，2018(1)：53－57.
[65] 王旭辉．高等教育市场化研究述评与研究展望[J]．复旦教育论坛，2016，14(2)：58－64.
[66] 顾建民，刘爱生．超越大学治理结构：关于大学实现有效治理的思考[J]．高等教育研究，2011(9)：25－29.
[67] 张应强，张浩正．从类市场化治理到准市场化治理：我国高等教育治理变革的方向[J]．高等教育研究，2018，39(6)：3－19.
[68] 朱亮．应用型高校：塑造人文精神和工匠精神相结合的大学文化[J]．高等工程教育研究，2016(6)：180－184.
[69] 滕大春．外国教育通史：第6卷[M]．济南：山东教育出版社，2005.
[70] 贺国庆，王保星，朱文富，等．外国高等教育史[M]．2版．北京：人民教育出版社，2022.
[71] 徐辉，郑继伟．英国教育史[M]．长春：吉林人民出版社，1994.
[72] 王承绪，徐辉．战后英国教育研究[M]．南昌：江西教育出版社，1992.
[73] 张泰金．英国高等教育历史·现状[M]．上海：上海外语教育出版社，1995.
[74] 殷企平．英国高等技术教育[M]．杭州：杭州大学出版社，1995.
[75] 张建新．高等教育体制改革研究：英国高等教育从二元制向一元制改革的探析[M]．北京：教育科学出版社，2006.
[76] 余利川．欧洲大学学术治理的结构嬗变与制度逻辑[J]．外国教育研究，2020，47(9)：48－62.
[77] 王坤．全球视域下应用型高校的治理结构模式[J]．现代教育管理，2016(3)：20－24.
[78] 付雪凌，石伟平．政府、学院、市场关系重构：英国多科技术学院改革与治理[J]．河北师范大学学报(教育科学版)，2016(2)：49－53.
[79] 张兄武．基于利益相关者理论的本科应用型人才培养“责任共担”机制探究[J]．高等工程教育研究，2013(1)：127－133.
[80] 袁潇．地方高校向应用技术型高校转型中的治理结构[J]．现代教育管

理，2015(6)：12－15.

[81] 帕顿，沙维奇. 政策分析和规划的初步方法[M]. 孙兰英，译. 北京：华夏出版社，2001.

[82] 克拉克. 高等教育新论[M]. 王承绪，徐辉，郑继伟，译. 杭州：浙江教育出版社，2001.

[83] CLARK B R. The open door college：a case study[M]. New York：McGraw-Hill，1960.

[84] CLARK B R. The higher education system：academic organization in cross-national perspective [M]. Berkeley：University of California Press，1983.

[85] CLARK B R. Places of inquiry ：research and advanced education in modern universities [M]. Berkeley：University of California Press，1995.

[86] CLARK B R. The research foundations of graduate education ：Germany，Britain，France，United States，Japan [M]. Berkeley：University of California Press，1993.

[87] CLARK B R. On higher education ：selected writings，1956－2006 [M]. Balitmore：Johns Hopkins University Press，2008.

[88] Dobbins M. Exploring higher education governance in Poland and Romania：re-convergence after divergence? [J]. European Educational Research Journal，2017，16(5)：684－704.

[89] NTIMA C G，TEEROOVEN S，BROADB M J. Governance structures，voluntary disclosures and public accountability[J]. Accounting，Auditing & Accountability Journal，2017，30(1)：65－118.

[90] 王宾齐. 关于政府、大学和社会三角关系的定量研究假设：对伯顿·克拉克"三角协调模式"的物理学解析[J]. 黑龙江高教研究，2011(5)：13－16.

[91] SCHÜTZE H G，BRUNEAU W A，GROSJEAN G. University governance and reform ：policy，fads，and experience in international per-

spective[M]. New York: Palgrave Macmillan, 2012.

[92] 甘永涛，张维松. “权威-目的两分法”的起源与比较优势：一个新的理论分析框架[J]. 比较教育研究，2007(1)：18-22.

[93] SHATTOCK M. International trends in university governance : autonomy, self-government and the distribution of authority[M]. London: Routledge, 2014.

[94] CLARK B R. The open door college: a case study[M]. New York: McGraw-Hill, 1960.

[95] RIXEN T, VIOLA L A, ZÜ M. Historical institutionalism and international relations: explaining institutional development in world politics[M]. Oxford: Oxford University Press, 2016.

[96] MAHONEY J, THELEN K A, DAWSONERA. Explaining institutional change : ambiguity, agency, and power in historical institutionalism[M]. Cambridge: Cambridge University Press, 2009.

[97] FIORETOS O, FALLETI T G, SHEINGATE A. The Oxford handbook of historical institutionalism[M]. Oxford: Oxford University Press, 2016.

[98] KRUL M. The new institutionalist economic history of Douglass C. North: a critical interpretation[M]. Cham: Palgrave Macmillan, 2018.

[99] HART A R. Report of the historical institutional[M]. Belfast: Historical Institutional Abuse Inquiry, 2017.

[100] JEPPERSON RONALD L. Institutional theory : the cultural construction of organizations, states and identities [M]. Cambridge: Cambridge University Press, 2021.

[101] STEINMO S, THELEN K, LONGSTRETH F. Structuring politics: historical institutionalism in comparative analysis[M]. Cambridge: Cambridge University Press, 2010.

[102] 李立国. 大学治理的制度逻辑：融通“大学之制”与“大学之治”[J]. 华东师范大学学报(教育科学版)，2021，39(3)：1-13.

[103] LINDNER J, RITTBERGER B. The creation, interpretation and contestation of institutions-revisiting historical institutionalism[J]. Journal of Common Market Studies, 2003, 41(3): 445-473.

[104] 何俊志. 结构、历史与行为：历史制度主义的分析范式[J]. 国外社会科学，2002(5)：25-33.

[105] 刘芳. 三角协调模式理论下的大学治理外部环境论析[J]. 宁夏社会科学，2013(4)：135-138.

[106] GUTHRIE J. Public value management, measurement and reporting [M]. Sydney: Emerald, 2014.

[107] ECKEL P D. Practical wisdom : thinking differently about college and university governance[M]. Virginia: Inside Higher ED, 2019.

[108] MARGINSON S. The enterprise university : power, governance, and reinvention in Australia [M]. Cambridge: Cambridge University Press, 2000.

[109] 李政. 我国高等职业教育项目制治理模式的改革逻辑：基于历史制度主义的视角[J]. 江苏高教，2021(5)：103-109.

[110] BROWN R. Mutuality meets the market: analysing changes in the control of quality assurance in United Kingdom higher education 1992-2012[J]. Higher Education Quarterly, 2013, 67(4): 437.

[111] POLANYI K. The great transformation: the political and economic origins of our time[M]. Boston, MA: Beacon Press, 1965.

[112] ACKROYD P, ACKROYD S. Problems of university governance in Britain is more accountability the solution? [J]. The International Journal of Public Sector Management, 1999, 12(2): 171-185.

[113] Committee on Higher Education. Report of the committee appointed by the prime minister, under the chairmanship of Lord Robbins 1961-1963[R]. London: HM Stationery Office, 1963.

[114] FIELDEN J. Planning and management in universities[M]. London: Chatto and Windus for Sussex University Press, 1973.

[115] RIDDELL S, WEEDON E, MINTY S. Higher education in Scotland and the UK : diverging or converging systems? [M]. Edinburgh: Edinburgh University Press, 2016.

[116] SHATTOCK M. Re-balancing modern concepts of university governance[J]. Higher education quarterly, 2002, 56(3): 235-244.

[117] TALBOT S, REEVES A, JOHNSTON J. Observations on the re-emergence of a binary system in UK universities for economics degree programmes[J]. Perspectives: Policy and Practice in Higher Education, 2014, 18(1): 14-19.

[118] OKRAKU T K, VACCA R, JAWITZ J W, et al. Identity and publication in non-university settings: academic co-authorship and collaboration[J]. Scientometrics, 2017, 111(1): 401-416.

[119] MORA J. Governance and management in the new university[J]. Tertiary Education and Management, 2001, 7(2): 95-110.

[120] AVIS J. Further education in England: the new localism, systems theory and governance[J]. Journal of Education Policy, 2009, 24(5): 633-648.

[121] BRAUN D, MERRIEN F. Towards a new model of governance for universities?: a comparative view [M]. London: Jessica Kingsley, 1999.

[122] SKOLNIK M L. How do quality assurance systems accommodate the differences between academic and applied higher education? [J]. Higher education, 2016, 71(3): 361-378.

[123] GAINSBURY S M, RUSSELL A, BLASZCZYNSKI A. Are psychology university students gamblers representative of non-university students and general gamblers?: a comparative analysis[J]. Journal of Gambling Studies, 2014, 30(1): 11-25.

[124] GREAT B D O E. Polytechnics : planning for development[M]. London: London Press, 1972.

[125] PRATT J. Polytechnics: a report by John Pratt and Tyrrell Burgess

[M]. London: Pitman, 1974.

[126] WISEMAN H V. The university grants committee[J]. Public Administration, 1957, 35(2): 185.

[127] GREAT B D O E. The English polytechnics: HMI commentary[M]. London: London Press, 1989.

[128] WHITLOCK Q A. Register of educational development services in polytechnics[M]. Newcastle: Educational Development Services, 1982.

[129] GLYNDWR J. Resources for modern languages in the polytechnics [M]. London: Centre for Information on Language Teaching and Research, 1981.

[130] JARY D. The development of sociology in the polytechnics[M]. Hatfield: Organisation of Sociologists in Polytechnics and Cognate Institutions, 1999.

[131] DOERN B. Polytechnics in higher education systems: a comparative review and policy implications for Ontario[R]. Toronto: 2008.

[132] PRATT J. The polytechnic experiment: 1965 - 1992[M]. London: Open University Press, 1997.

[133] LEWIS M S. The polytechnics: a peculiarly British phenomenon[J]. Metropolitan Universities journal, 1991, 2(4): 25 - 34.

[134] CHEN D, STROUP W. General system theory: toward a conceptual framework for science and technology education for all[J]. Journal of Science Education and Technology, 1993, 2(3): 447 - 459.

[135] LOMAS L. The locus of power in UK universities: its impact on educational development centres[J]. Active Learning in Higher Education, 2006, 7(3): 243 - 255.

[136] KIM T. Changing university governance and management in the UK and elsewhere under market conditions: issues of quality assurance and accountability[D]. Mykolas Romeris University, 2008.

[137] CLARK B R. The school and the university : an international per-

spective[M]. Berkeley: University of California Press, 1988.

[138] MCCORMICK R E, MEINERS R E. University governance: a property rights perspective[J]. The Journal of Law and Economics, 1988, 31(2): 423 - 442.

[139] DEEM R. "New managerialism" and higher education: the management of performances and cultures in universities in the United Kingdom[J]. International Studies in Sociology of Education, 1998, 8(1): 47 - 70.

[140] JONGBLOED B W, MAASSEN P A, NEAVE G, et al. From the eye of the storm: higher education's changing institution[M]. Dordrecht: Kluwer, 1999.

[141] MCLENDON M K, NESS E C. The politics of state higher education governance reform[J]. Peabody Journal of Education, 2003, 78(4): 66 - 88.

[142] 王雁琳. 英国大学治理现代化和教育中介组织的改革[J]. 比较教育研究, 2019, 41(11): 27 - 33.

[143] MEYER L H. Collegial participation in university governance: a case study of institutional change[J]. Studies in Higher Education, 2007, 32(2): 225 - 235.

[144] LOCKWOOD G, DAVIES J. Universities : the management challenge [M]. Windsor: Society for Research into Higher Education & NFER-Nelson, 1985.

[145] RAJKUMAR A S, SWAROOP V. Public spending and outcomes: does governance matter? [J]. Journal of Development Economics, 2008, 86(1): 96 - 111.

[146] WONGNAA C A, SEYRAM A Z K. Factors influencing polytechnic students' decision to graduate as entrepreneurs[J]. Journal of Global Entrepreneurship Research, 2014, 4(1): 1 - 13.

[147] PETERS B G. Rhodes, understanding govenance: policy networks,

governance, reflexivity and accountability[J]. Public Administration, 1998, 76(2): 408 - 409.

[148] MOORE M T. Corporate governance: law, regulation and theory [M]. London: Palgrave Macmillan, 2017.

[149] PANDEY I M. Governance of higher education institutions [J]. Vikalpa, 2004, 29(2): 79 - 84.

[150] DECTER M H. Comparative review of UK-USA industry-university relationships[J]. Education Training, 2009, 51(8/9): 624 - 634.

[151] SHATTOCK M, HORVATH A. The governance of British higher education : the impact of governmental, financial and market pressures[M]. London: Bloomsbury Academic, 2020.

[152] The dearing report: higher education in the learning society[R]. London: HMSO, 1997.

[153] DfEE. Education reform Act 1988[R]. London: HMSO, 1988.

[154] COLBURN B, LAZENBY H. Hypothetical insurance and higher education[J]. Journal of Philosophy of Education, 2016, 50(4): 587 - 604.

[155] The further and higher education Act 1992[R]. London: The Stationery Office Limited, 1992.

[156] 惠转转. 英国应用型大学经费来源结构改革探析：以利物浦约翰摩尔斯大学为例[J]. 中国职业技术教育, 2020(36): 65 - 73.

[157] BRADY P. Internationalisation of post - 1992 UK universities : the good, the bad and the ugly [M]. London: Anthem Press, 2020.

[158] ZAMAN K. Quality guidelines for good governance in higher education across the globe[J]. Pacific Science Review B: Humanities and Social Sciences, 2015, 1(1): 1 - 7.

[159] MANNA P, MCGUINN P J, FINN C E J, et al. Education governance for the twenty-first century: overcoming the structural barriers to school reform [M]. Washington DC: Brookings Institution

Press, 2013.

[160] EVIN J S. University management, the academic profession and neoliberalism [M]. Albany: Suny Press, 2020.

[161] BALL S J, JUNEMANN C, PROQUEST F. Networks, new governance and education[M]. Bristol: Policy Press, 2012.

[162] OANCEA A. Research assessment as governance technology in the United Kingdom: findings from a survey of RAE 2008 impacts[J]. Zeitschrift für Erziehungswissenschaft, 2014, 17(S6): 83-110.

[163] SHERER M J, ZAKARIA I. Mind that gap! An investigation of gender imbalance on the governing bodies of UK universities[J]. Studies in Higher Education, 2018, 43(4): 719-736.

[164] SHEPHERD S. Strengthening the university executive: the expanding roles and remit of deputy and pro-vice-chancellors[J]. Higher Education Quarterly, 2018, 72(1): 40-50.

[165] CAPANO G, REGINI M, TURRI M. Changing governance in universities: Italian higher education in comparative perspective[M]. London: Palgrave Macmillan, 2016.

[166] ROWLANDS J. Present but not counted: the tenuous position of academic board chairs within contemporary university governance[J]. International Journal of Leadership in Education, 2015, 18(3): 263-278.

[167] LO E H C, MOK J K H. Marketisation and the changing governance in higher education: a comparative study[J]. Higher Education Management and Policy, 2002, 14(1): 51-82.

[168] FAN G, POPKEWITZ T S. Handbook of education policy studies: values, governance, globalization, and methodology, volume 1[M]. Singapore: Springer Singapore Pte. Limited, 2020.

[169] KING R P. Governance and accountability in the higher education regulatory state[J]. Higher Education, 2007, 53(4): 411-430.

[170] 韩竺宏. 新自由主义背景下英国大学治理模式的变革[D]. 大连：大连理工大学，2013.

[171] 彼得斯. 政府未来的治理模式[M]. 吴爱明，夏宏图，译. 北京：中国人民大学出版社，2001.

[172] 邓恩. 公共政策分析导论[M]. 谢明，等译. 北京：中国人民大学出版社，2011.

[173] 施雪华. 政府权能理论[M]. 杭州：浙江人民出版社，2008.

[174] 谢明. 公共政策导论[M]. 北京：中国人民大学出版社，2015.

[175] VUKASOVIĆ M，PROQUEST F. Effects of higher education reforms：change dynamics[M]. Rotterdam：Sense Publishers，2012.

[176] DEEM R，HILLYARD S，REED. M. Knowledge，higher education，and the new managerialism the changing management of UK universities [M]. Oxford：Oxford University Press，2007.

[177] OSBORNE S P，PROQUEST F. The new public governance：emerging perspectives on the theory and practice of public governance[M]. London：Routledge，2010.

[178] TYLECOTE A. UK corporate governance and innovation[M]. Sheffield：Sheffield University Press，2001.

[179] 孙伦轩，巴特尔. 英国大学基金委员会招标竞价制度的历史与经验[J]. 复旦教育论坛，2014(3)：98－102.

[180] BARRETT B. Globalization and change in higher education：the political economy of policy reform in Europe[M]. Cham：Palgrave Macmillan，2017.

[181] LUO J，ORDÓNEZ-MATAMOROS G，KUHLMANN S. The balancing role of evaluation mechanisms in organizational governance：the case of publicly funded research institutions[J]. Research Evaluation，2019，28(4)：344－354.

[182] MACHERIDIS N，PAULSSON A. Professionalism between profession and governance：how university teachers' professionalism shapes

coordination[J]. Studies in Higher Education, 2019, 44(3): 470-485.

[183] KIM J Y. Education for growth and prosperity[R]. Washington DC: The World Bank, 2017.

[184] 粟莉. 西方发达国家高等教育市场化的负面效应分析[J]. 江苏高教, 2014(1): 40-42.

[185] LUESCHER MAMASHELA T M. From university democratisation to managerialism: the changing legitimation of university governance and the place of students[J]. Tertiary Education and Management, 2010, 16(4): 259-283.

[186] NORTON P. Governing Britain: parliament, ministers and our ambiguous constitution [M]. Manchester: Manchester University Press, 2020.

[187] 布什. 当代西方教育管理模式[M]. 强海燕, 译. 南京: 南京师范大学出版社, 2018.

[188] 阎照祥. 英国政治制度史[M]. 北京: 人民出版社, 1999.

[189] JANDA K, KWAK J. Party systems and country governance[M]. Taylor and Francis, 2015.

[190] MAASSEN P. The university's governance paradox[J]. Higher Education Quarterly, 2017, 71(3): 290-298.

[191] MAGÃLHAES A, VEIGA A, RIBEIRO F M, et al. Creating a common grammar for European higher education governance[J]. Higher Education, 2013, 65(1): 95-112.

[192] MARGINSON S. Higher education and public good[J]. Higher Education Quarterly, 2011, 65(4): 411-433.

[193] MEOLI M, PALEARI S, VISMARA S. The governance of universities and the establishment of academic spin-offs[J]. Small Business Economics, 2019, 52(2): 485-504.

[194] SOLÉ R V. Self-organization in complex ecosystems[M]. Princeton:

Princeton University Press, 2006.

[195] IMADA T. Self-organization and society [M]. Tokyo: Springer Press, 2008.

[196] PHILIP J, JOEL A. Autonomy and the challenges of liberalism new essays[M]. Cambridge: Cambridge University Press, 2005.

[197] MOK K H, NEUBAUER D. Higher education governance in crisis: a critical reflection on the massification of higher education, graduate employment and social mobility[J]. Journal of Education and Work, 2016, 29(1): 1-12.

[198] TAIB F M, NG M L Y A. Governance reforms in public universities of Malaysia [M]. Pulau Pinang: Penerbit Universiti Sains Malaysia, 2016.

[199] 库姆斯. 世界教育危机：八十年代的观点[M]. 赵宝恒，李环，等译. 北京：人民教育出版社，2010.

[200] 奥尔德里奇，简明英国教育史[M]. 诸惠芳，等译. 北京：人民教育出版社，1987.

[201] SHEAR B W, HYATT S B, WRIGHT S. Learning under neoliberalism: ethnographies of governance in higher education[M]. Oxford: Berghahn, 2015.

[202] DEEM R, BREHONY K J. Management as ideology: the case of "new managerialism" in higher education[J]. Oxford Review of Education, 2005, 31(2): 217-235.

[203] MCLENDON M K, DEATON R, HEARN J C. The enactment of reforms in state governance of higher education: testing the political instability hypothesis[J]. The Journal of Higher Education, 2007, 78(6): 645-675.

[204] KEELING R. The Bologna process and the Lisbon research agenda: the European Commission's expanding role in higher education discourse[J]. European Journal of Education, 2006, 41(2): 203-223.

[205] ABÉCASSIS A, ASSUNÇÃO M, HOLM - NIELSEN L B, et al. Governance reforms in European university systems: the case of Austria, Denmark, Finland, France, the Netherlands and Portugal[M]. Cham: Springer, 2018.

[206] 博克. 走出象牙塔：现代大学的社会责任 [M]. 徐小洲，译. 杭州：浙江教育出版社，2011.

[207] LEO E, HEARNE P, GALLOWAY D, et al. Academies and educational reform: governance, leadership and strategy[M]. Bristol: Multilingual Matters, 2010.

[208] GRINDLE M S. Governance reform: the new analytics of next steps [J]. Governance, 2011, 24(3): 415 - 418.

[209] CLEMENT S. Governing the anthropocene: novel ecosystems, transformation and environmental policy[M]. Cham: Springer International Publishing AG, 2020.

[210] KING R. Policy internationalization, national variety and governance: global models and network power in higher education states[J]. Higher Education, 2010, 60(6): 583 - 594.

[211] 袁振国. 教育政策学[M]. 南京：江苏教育出版社，2011.

[212] 陈振明. 公共政策分析[M]. 北京：中国人民大学出版社，2002.

[213] MARQUES M. How do policy instruments generate new ones? Analysing policy instruments feedback and interaction in educational research in England, 1986 - 2014[J]. Research Policy, 2021, 50(10).

[214] BRAUN D, BENNINGHOFF M, RAMUZ R, et al. Interdependency management in universities: a case study[J]. Studies in Higher Education, 2015, 40(10): 1829 - 1843.

[215] ERKKILÄ T, PIIRONEN O. Shifting fundaments of European higher education governance: competition, ranking, autonomy and accountability[J]. Comparative Education, 2014, 50(2): 177 - 191.

[216] VENGER O, MIETHE T D. Volatile places, volatile times: predic-

ting revolutionary situations with nations' governance and fragility indicators[J]. Social Indicators Research, 2018, 138(1): 373 - 402.

[217] 布鲁贝克. 高等教育哲学[M]. 王承绪, 等译. 杭州: 浙江教育出版社, 2001.

[218] 周雪光. 组织社会学[M]. 北京: 社会科学文献出版社, 2013.

[219] 吴康宁. 教育社会学[M]. 北京: 人民教育出版社, 1998.

[220] Dept of Education and Science. The development of higher education into the 1990s[R]. Presented to Parliament by the Secretary of State for Education and Science. London: HMSO, 1985.

[221] DAWKINS A P. Active authority or latent legitimacy? The institutional visibility of the university governing body amongst staff as a factor in its effectiveness[J]. Educational Management Administration & Leadership, 2018, 46(5): 764 - 781.

[222] KAPLAN G E. Do governance structures matter? [J]. New Directions for Higher Education, 2004(127): 23 - 34.

[223] ENGWALL L. Montesquieu in the university: The governance of world-class institutions of higher education and research[J]. European Review, 2018, 26(2): 285 - 298.

[224] ELREFAE G A, BELARBI A K. University governance and educational AAU model: an organisational culture approach[J]. Global Business and Economics Review, 2017, 19(2): 239.

[225] DIXON K, COY D. University governance: governing bodies as providers and users of annual reports[J]. Higher Education, 2007, 54(2): 267 - 291.

[226] HOWLETT M. Governance modes, policy regimes and operational plans: a multi-level nested model of policy instrument choice and policy design[J]. Policy Sciences, 2009, 42(1): 73 - 89.

[227] ERTL H, HAYWARD G. Caught in the "triple lock"? An evaluation of governance structures in the development of 14 - 19 diplomas in

England[J]. Research in Comparative and International Education, 2010, 5(3): 316.

[228] 王皖强. 国家与市场：撒切尔主义研究[M]. 长沙：湖南教育出版社, 2019.

[229] EMMENEGGER P. Agency in historical institutionalism: coalitional work in the creation, maintenance, and change of institutions[J]. Theory and society, 2021, 50(4): 607 - 626.

[230] HAMEIRI S. Institutionalism beyond methodological nationalism? The new interdependence approach and the limits of historical institutionalism[J]. Review of International Political Economy, 2020, 1(12): 112 - 131.

[231] 蔡连玉，李海霏. 我国高校内部治理的制度改革(1949 - 2018)：基于历史制度主义的分析[J]. 清华大学教育研究, 2019, 40(2): 99 - 106.

[232] BOYCHUK G W. "Studying public policy": historical institutionalism and the comparative method[J]. Canadian Journal of Political Science, 2016, 49(4): 743 - 761.

[233] 徐苏兰，段鑫星. 中国高校教师职称晋升制度变迁的轨迹及逻辑：基于历史制度主义的视角[J]. 江苏高教, 2020(3): 50 - 58.

[234] 罗红艳. 我国公立大学治理政策变迁的制度逻辑：基于历史制度主义的分析[J]. 国内高等教育学研究动态, 2014(23): 4.

[235] 段宇波. 制度改革的历史与逻辑：历史制度主义的视角[D]. 太原：山西大学, 2016.

[236] 龙献忠，周晶，董树军. 制度逻辑下的大学治理能力现代化探析[J]. 江苏高教, 2015(3): 32 - 35.

[237] 刘淑芸. 基于新制度经济学视角的我国高等教育评估制度重建研究[D]. 上海：华东师范大学, 2014.

[238] 史彩霞. 强制性制度变迁的困境：对中国大学治理结构低效率的制度解读[J]. 复旦教育论坛, 2006(5): 50 - 56.

[239] 王朋，杨雪. 欧洲应用科学大学第三使命制度的变迁逻辑：基于历史

制度主义的分析[J]. 现代教育科学，2020(2)：1 - 5.

[240] 徐苏兰，段鑫星. 制度改革的轨迹及逻辑：基于历史制度主义的视角[J]. 江苏高教，2020(3)：50 - 58.

[241] 徐海伦. 论马克思的有机系统科学[J]. 系统科学学报，2020，28(3)：55 -59.

[242] MCCANN L，HUTCHISON N，ADAIR A. External funding of major capital projects in the UK higher education sector：issues of demand，supply and market timing? [J]. Journal of Property Research，2019，36(1)：97 - 130.

[243] 索利. 英国哲学史[M]. 段德智，译. 济南：山东人民出版社，1996.

[244] 康德尔. 教育的新时代：比较研究[M]. 王承绪，等译. 北京：人民教育出版社，2001.

[245] 波兰尼. 大转型：我们时代的政治与经济起源[M]. 刘阳，冯钢，译. 杭州：浙江人民出版社，2007.

附录　英国 34 所应用型高校

序号	英文名称	中文名称
1	Anglia Ruskin University	安格利亚·鲁斯金大学
2	Birmingham City University	伯明翰城市大学
3	University of Brighton	布莱顿大学
4	Bournemouth University	伯恩茅斯大学
5	University of Central Lancashire	中央兰开夏大学
6	Coventry University	考文垂大学
7	De Montfort University	德蒙福特大学
8	University of East London	东伦敦大学
9	University of South Wales	南威尔士大学
10	University of Greenwich	格林威治大学
11	University of Hertfordshire	赫特福德大学
12	University of Huddersfield	哈德斯菲尔德大学
13	Kingston University	金斯顿大学
14	Leeds Beckett University	利兹贝克特大学
15	University of Lincoln	林肯大学
16	Liverpool John Moores University	利物浦约翰摩尔斯大学
17	London Metropolitan University	伦敦城市大学
18	London South Bank University	伦敦南岸大学
19	Manchester Metropolitan University	曼彻斯特城市大学
20	Middlesex University	密德萨斯大学
21	Northumbria University	诺森比亚大学
22	Nottingham Trent University	诺丁汉特伦特大学
23	Oxford Brookes University	牛津布鲁克斯大学
24	University of Plymouth	普利茅斯大学

续表

序号	英文名称	中文名称
25	University of Portsmouth	朴次茅斯大学
26	Sheffield Hallam University	谢菲尔德哈勒姆大学
27	Staffordshire University	斯泰福厦大学
28	University of Sunderland	桑德兰大学
29	Teesside University	提赛德大学
30	University of the West of England	西英格兰大学
31	University of West London	西伦敦大学
32	University of Westminster	威斯敏斯特大学
33	University of Wolverhampton	伍尔弗汉普顿大学
34	Ulster University	阿尔斯特大学

声　明

本书为作者2024年承担的陕西省社会科学基金项目研究成果，立项号：2024P032。